PRAXIS
ideen
Schriftenreihe für
Bewegung, Spiel und Sport

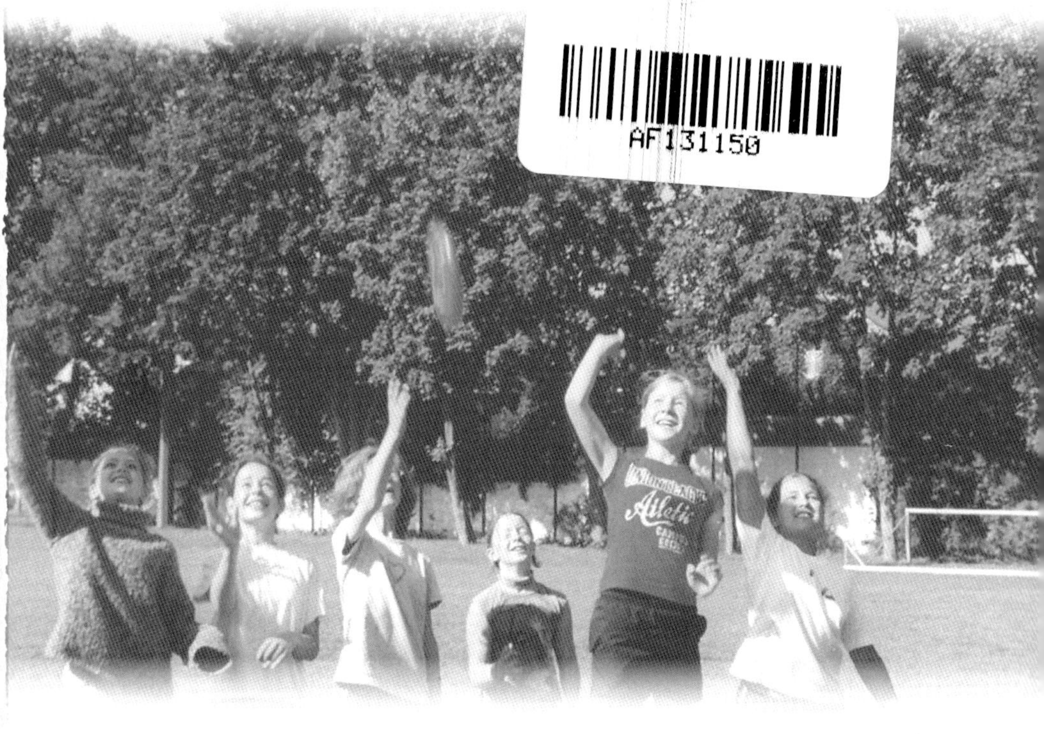

2. Auflage

Faszination Frisbee
Übungen, Spiele und Wettkämpfe

Peter Neumann / Jürgen Kittsteiner / Alexander Laßleben

hofmann.

Bibliografische Information der Deutschen Nationalbibliothek
Die Deutsche Nationalbibliothek verzeichnet diese Publikation in der Deutschen Nationalbibliografie; detaillierte bibliografische Daten sind im Internet über http://dnb.d-nb.de abrufbar.

Bestellnummer 2602

© 2014 by Hofmann-Verlag, 73614 Schorndorf

2. Auflage 2019

Comics: Thomas Wittmann
Fotos: Alexander Laßleben, Jürgen Kittsteiner

Erschienen als Band 60
der PRAXISIDEEN – Schriftenreihe für Bewegung, Spiel und Sport.

Grafik, Layout und Satz: consekwent, Konzepte für Print und Web.

Druck und Verarbeitung: Media-Print Informationstechnologie GmbH, Paderborn
Printed in Germany · ISBN 978-3-7780-2602-1

INHALT

Theorie

Kapitel

1

1   Theorie

Frisbeescheiben sind im Trendsport-Zeitalter eigentlich Oldtimer der Sportgeschichte, denn sie segeln seit knapp 100 Jahren über unseren Planeten. Dennoch konnte sich der Frisbeesport noch nicht nachhaltig etablieren. Mit dem vorliegenden Buch wollen wir die Verbreitung des Frisbeesports unterstützen und die vielfältigen Einsatzmöglichkeiten im Schul- und Vereinssport beschreiben.

Frisbee® ist ein eingetragenes Warenzeichen der Firma WHAM-O, die **Frisbee®** *Idee und erste Produkte von Fred Morrison zur Marktreife gebracht* **eingetragenes** *hat. Rechtlich betrachtet sind nur Scheiben von WHAM-O Frisbees.* **Warenzeichen** *Weil der Markenname „Frisbee" umgangssprachlich jedoch zu einem Gattungsbegriff geworden ist, folgen wir der Alltagssprache und verwenden die Bezeichnungen Frisbeescheiben oder Scheiben.*

1.1   Pädagogische Vorüberlegungen

Frisbeesport wird in Deutschland hauptsächlich von der Wettspielvariante „Ultimate" repräsentiert. Organisiert wird der Wettkampfbetrieb vom Deutschen Frisbeesport Verband e.V. (DFV). Neben den organisierten Teams gibt es viele informelle Gruppen, die diesem Spiel nachgehen. Mittlerweile hat „Ultimate Frisbee" auch in verschiedenen Lehrplänen für den Schulsport in Deutschland Eingang gefunden.

Mit dem vorliegenden Buch wollen wir den Blick auf den Fris- **Vielfältige Einsatz-** beesport weiten und stellen abseits der offiziellen Wettkampfdiszip- **möglichkeiten der** linen vielfältige Anwendungsmöglichkeiten vor. Frisbeescheiben **Frisbeescheibe** besitzen nämlich ideale Voraussetzungen für den Einsatz im Schulsport und im Sportverein. So lassen sie sich beispielsweise im Rahmen des Aufwärmens, der Konditionsschulung oder zur Verbesserung der grundlegenden Fähigkeiten und Fertigkeiten des Werfens und Fangens einsetzen.

Weitere Aspekte sind:
- Frisbeescheiben können traditionelle Inhalte des Schulsports ergän- **Vorzüge des** zen und stellen eine interessante Freizeitbeschäftigung dar. **Frisbeesports**
- Frisbeescheiben bieten für Anfänger schnell Erfolgserlebnisse, denn die Wurf- und Fangtechniken sind leicht zu erlernen. Fortgeschrittene können sich an verschiedenen Variationen des Werfens und Fangens, an Trickwürfen und Trickfängen versuchen.

Preiswert und langlebig
- Frisbeescheiben sind, verglichen mit anderen Sportgeräten, relativ preiswert und in der Regel auch langlebig. Bei der Anschaffung gilt es zu bedenken, dass Billigscheiben deutlich schlechtere Flugeigenschaften haben als Markenfabrikate.
- Frisbeescheiben sind leicht zu transportieren und zu lagern und können sowohl indoor als auch outdoor verwendet werden. Als grobe Faustregel für das Scheibengewicht gilt, dass sich mit steigendem Alter und Können auch das Gewicht der Scheiben erhöhen kann: Kinder bevorzugen in der Regel leichtere Scheiben (110 g – 140 g) und Jugendliche etwas schwerere Scheiben (140 g – 175 g). Um die Scheibenauswahl zu erleichtern, geben wir zum Material einige Tipps.

Überall einsetzbar
- Zum Frisbeespielen wird in der Regel keine normierte Sportstätte benötigt. Man kann fast überall mit der Scheibe spielen. Eine Wiese, ein Parkplatz, ein Pausenhof oder auch ein Waldgelände können mit der Frisbeescheibe bespielt werden. Fast alle der angeführten Übungen, Wettkämpfe und Spiele sind sowohl für die Turnhalle als auch für eine Freifläche (z. B. Sportplatz, Wiese) geeignet.

Besondere Flugeigenschaften
- Frisbeescheiben haben besondere Flugeigenschaften – sie fliegen in der Regel langsamer und weiter als ein Ball. Sie haben einen hohen Aufforderungscharakter und bieten Anreize zum Werfen und Fangen. Beim Spielen im Freien muss auf die Windstärke und die Windrichtung geachtet werden. Starker Wind erschwert insbesondere Anfängern das zielgenaue Werfen und sichere Fangen.
- Frisbeespiele sollen ein sportlich faires Verhalten unterstützen. Fairplay ist auch im internationalen Wettkampfbereich das oberste Gebot – es wird grundsätzlich ohne Schiedsrichter gespielt.

Darüber hinaus sind folgende didaktische Vorzüge des Frisbeesports hervorzuheben, die einen Einsatz im Schulsport und Sportverein befürworten:

- **Reduzierte technisch-taktische Ansprüche**
Auch für Spieler, denen das sichere Fangen der Scheibe noch nicht gelingt, finden sich zahlreiche Spiele und Wettkämpfe. Wenn Anfänger nur einen Standardwurf, z. B. den Rückhandwurf, beherrschen, lassen sich schon herausfordernde Spiel- und Wettkampfaufgaben stellen.

- **Für Mädchen und Jungen gleichermaßen lösbare Aufgaben**
Körpereinsatz ist bei vielen Spielen nicht gefragt. Stattdessen geht es vorrangig um gut koordinierte Würfe und einen dosierten Krafteinsatz beim Treffen der Wurfziele. Diese Anforderungen der Spiele und Wettkämpfe können Mädchen und Jungen gleichermaßen bewältigen.

- **Vielfältige Spielvariationen**

Die Spiele lassen sich zusammen mit der Lerngruppe leicht verändern, indem beispielsweise bestimmte Regeln variiert werden. Auf einige Spiel- und Wettkampfvarianten weisen wir explizit hin.

- **Unterschiedliche konditionelle Anforderungen**

Je nach Auswahl und Angebot der Spiele und Wettkämpfe lassen sich die konditionellen Belastungen für die Spieler gut dosieren. Geht es bei den Zielwurf- oder Abtreffspielen in erster Linie um die Ausbildung einer guten Wurfkoordination, stehen bei anderen Spielen das Werfen, Fangen und das schnelle Laufen im Vordergrund.

- **Geringe organisatorische Voraussetzungen**

Die Spiele und Wettkämpfe haben wir so gestaltet, dass in der Regel kein größerer organisatorischer Aufwand entsteht. Weiterhin sind wir von folgenden Rahmenbedingungen ausgegangen: große Gruppe (20–30), wenig Platz (z. B. Turnhalle) und wenig Spielgeräte (10 Frisbeescheiben).

- **Qualifikation der Lehrkraft**

Die Lehrperson muss nicht zwingend über vertiefte Erfahrungen im Frisbeesport verfügen, um die beschriebenen Spiele und Wettkämpfe anleiten zu können. Interessierte Lehrkräfte können sich anhand dieses Buches in kurzer Zeit grundlegende Fang- und Wurftechniken aneignen.

1.2   Materialkunde

Es gibt eine nahezu unüberschaubare Vielfalt an Flugscheiben auf dem Markt. Die wichtigsten Kriterien zur Unterteilung und Beurteilung der Scheiben sind das Material und die Biegesteifigkeit, Form und Aufbau sowie das Gewicht und die Größe.

- **Scheibenmaterial**

Frisbeescheiben können aus den unterschiedlichsten Materialien bestehen: Schaumstoff, Stoff, Gummi oder Kunststoff. Am gängigsten sind Scheiben aus Polyurethan und Polyethylen. Je nach Materialzusammensetzung sind Scheiben eher hart oder eher weich. „Guten" Scheiben sind Weichmacher beigemischt, damit sie nicht beim ersten Aufprall auf den Boden oder einem versehentlichen Tritt auf die Scheibe zerbersten. Gute Scheiben sind formstabil und gleichzeitig flexibel. „Schlechte" Scheiben sind meist aus Polypropylen (PP), einem sehr harten Kunststoff. Scheiben aus Hartplastik haben eine relativ kurze Haltbarkeit und weisen eher mäßige Flugeigenschaften auf. Von sol-

„Schlechte" Scheiben

chen Scheiben raten wir ab, denn sie können Lernerfolge deutlich behindern.

• **Form**

Scheibenkonzepte

Man kann zwei grundlegende Scheibenkonzepte unterscheiden: Zum einen Scheiben mit einer ebenen bzw. leicht gewölbten Oberfläche und zum anderen Scheiben mit einem erhöhten Zentrum – so genannte Fastback-Scheiben. Durch das große Luftpolster eignen sich solche Scheiben besonders für Schwebewürfe.

• **Gewicht**

Scheibengewichte

Frisbeescheiben gibt es in nahezu allen Gewichtsklassen – zwischen 10 g und 250 g. Zwischen Scheibengewicht und Flugeigenschaften, z. B. Flugweite und Windanfälligkeit, bestehen Zusammenhänge. Allgemein ist eine Scheibe umso weniger windanfällig, je schwerer sie ist. Mit der Zunahme an Gewicht steigt die erforderliche Wurfkraft. Scheibengewicht und Einsatzbereich sind also mit Blick auf die Zielgruppe aufeinander abzustimmen. Wichtiger als das Gesamtgewicht einer Scheibe, das in der Regel auf der Scheibe eingepresst oder aufgedruckt ist, ist die Verteilung des Materials. „Gute" Scheiben weisen unterschiedliche Materialstärken auf. Dabei ist der Außenrand schwerer und

Drehimpuls und Flugstabilität

dicker als das Scheibenzentrum. Dadurch wird der übertragene Drehimpuls länger erhalten (Eigenrotation) und die Scheibe erhält ihre Flugstabilität. Die unterschiedliche Materialstärke lässt sich beim Kauf leicht erfühlen, indem man die Scheibe zwischen Daumen und Zeigefinger nimmt und von der Scheibenmitte zum Rand rutscht.

• **Größe**

Auch die Scheibengröße hat Einfluss auf Flugweite und Flugstabilität, weil größere Scheiben in der Regel auch schwerer sind. Vereinfachend kann man sagen, dass kleine Scheiben bei gleichem Gewicht weniger windanfällig sind als größere Scheiben. Allerdings erfordert der Wurf kleiner Scheiben eine feiner koordinierte Wurfbewegung, denn kleine Scheiben sind weniger fehlerverzeihend.

• *Fazit*

Hochwertige Scheiben zeichnen sich durch Formstabilität, Flexibilität und einen dickeren Scheibenrand aus; deshalb stellen sie langfristig eine sinnvolle Investition dar. Eine kostengünstige Möglichkeit besteht in rabattierten Scheibenpaketen, die viele Händler anbieten. Auch bei größeren Abnahmemengen sind günstigere Preise zu erzielen. Das Bedrucken mit Sponsorenlogos kann ab einer größeren Auflage ebenso zu einer preiswerten Anschaffung verhelfen.

Um die verschiedenen Frisbeescheiben vorzustellen, bedienen wir uns folgender Systematik:

- **Produktbeschreibung**
Angaben zu Material, Durchmesser und Gewicht.

- **Flugeigenschaften**
Angaben zu Flugstabilität, Windanfälligkeit und Einsatzzweck.

- **Preis**
Durchschnittlicher Preis (bei deutschen Bezugsquellen).

Der Vollständigkeit halber wird zu Beginn kurz auf „Flugobjekte aus dem Alltag" und Selbstbau-Scheiben eingegangen. Denn auch Alltagsmaterialien, wie Bierdeckel, Pappteller und Eimerdeckel, lassen sich zum Fliegen bringen. Um Materialerfahrungen zu sammeln, kann es sich lohnen, die unterschiedlichen Flugeigenschaften auszutesten und beispielsweise so einen Kontrast zu den „richtigen" Frisbeescheiben herzustellen. **Frisbeescheiben im Eigenbau**

Alltagsscheiben

a) Pappteller / Bierdeckel

Flugobjekte aus dem Alltag

Produktbeschreibung
Pappteller und Bierdeckel sind interessante Party-Flugobjekte.

Flugeigenschaften
Pappteller-Frisbees sind zwar ebenso windallergisch wie Federbälle, aber eine Frage bleibt: Wie herum fliegen sie besser und warum?

b) Kunststoffdeckel

Produktbeschreibung
Flugtaugliche Kunststoffdeckel finden sich auf Abfalleimern, Eisbehältern oder Joghurt-Großfamilienpackungen.

Flugeigenschaften
Die Flugtauglichkeit der verschiedenen Deckel hängt im Wesentlichen von Größe und Gewicht ab. Große und schwerere Deckel fliegen stabiler als leichte Joghurtbecher-Deckel. Aber Vorsicht: Die Wurfgeräte sollten vorab auf mögliche Verletzungsgefahren (wie scharfe Kanten) hin untersucht werden!

Selbstbau-Scheiben

Frisbee-Scheiben kann man auch selbst herstellen. Im Folgenden werden drei Selbstbau-Varianten vorgestellt, die relativ einfach herzustellen sind und auch ganz brauchbar fliegen:

a) Stofffrisbee

Abb. 1: Stofffrisbee

Bauanleitung Stofffrisbee

Benötigtes Material
Reißfester Stoff (mindestens 25 cm x 50 cm), Zirkel, Schere, Reis oder Sand oder Bleiband (für Gardinen) und eine Nähmaschine.

Bauanleitung
Aus einem Stoffrest schneidet man 2 Kreise mit einem Durchmesser von ca. 25 cm aus, legt diese mit den Außenseiten nach innen aufeinander und näht sie (am besten mit einer Nähmaschine) am Außenrand entlang zusammen. Dabei sollen die letzten 3 cm noch nicht zugenäht werden, um die Scheibe anschließend auf rechts wenden zu können. Im Abstand von 2,5 cm bis 3 cm zur Außennaht werden die Scheiben ein zweites Mal rundherum zusammengenäht – diesmal ohne Öffnung. In die Öffnung der ersten Naht füllt man mit Hilfe eines Papiertrichters so viel Reis, bis der Rand gut gefüllt ist. Wenn die Öffnung dann zugenäht ist, ist die Frisbee einsatzbereit. Alternativ ist auch eine Befüllung mit Sand möglich, allerdings sollte der Rand dann nicht breiter als 2,5 cm abgenäht werden, da die Scheibe sonst zu schwer wird. Für den Rand eignet sich auch ein Bleiband, das mit Hilfe einer Büroklammer eingefädelt werden kann.

Alternative
Eine Stofffrisbee lässt sich auch mit nur einem Stoffkreis herstellen, um den ein Saumband genäht wird. Hierzu wird ein 3 cm breites und 80 cm langes Saumband der Länge nach mittig gefaltet und der Knick gebügelt. Das Saumband legt man um die Stoffscheibe und befestigt es mit Stecknadeln. Zum Schluss näht man es, bis auf eine schmale Stelle, an, befüllt den Rand und näht das letzte Stück zu.

Flugeigenschaften
Selbstbau-Stofffrisbees fliegen nur mit genügend Rotation. Sie können auch zu einem Ball zusammengeknüllt werden.

b) Tütenfrisbee

Abb. 2: Tütenfrisbee

Benötigtes Material
Ca. 85 cm Elektrokabel oder dünner Garten-/Aquariumschlauch, dicke Kunststofftüte, Klebeband und eine Schere.

Bauanleitung
Die Enden eines Elektrokabels oder eines dünnen Gartenschlauches werden mit Isolierband so aneinandergeklebt, dass ein Ring entsteht. Aus einer Tüte schneidet man einen Kreis aus, wobei der Durchmesser um ca. 6 cm größer sein sollte als der des angefertigten Ringes. Den Ring legt man auf die Tüte, schlägt die Enden nach innen um und fixiert diese mit Klebeband.

**Bauanleitung
Tütenfrisbee**

Flugeigenschaften
Das Tütenfrisbee ist windanfällig und neigt dazu, relativ unerwartet zu einer Seite zu kippen – das sichere Fangen der Scheibe ist also anspruchsvoll.

c) Teppichfrisbee

Abb. 3: Teppichfrisbee

Benötigtes Material
Dickes und relativ steifes Teppichstück 30 cm x 30 cm (am besten eignet sich eine Teppichfliese), Teppichmesser, Feuerzeug, Arbeitshandschuhe, dicke Nähnadel und Nylonfaden, 80 cm Gurtband 2 cm breit, Zirkel und eine Schere.

Bauanleitung
Aus dem Teppichstück wird ein Kreis mit 25 cm bis 30 cm Durchmesser ausgeschnitten. Im Abstand von 2 cm vom Rand wird auf der Unterseite die Gummierung des Teppichstückes (v-förmig) eingeritzt, um den Rand besser umklappen zu können. Im Abstand von ca. 7 cm wird der Rand jeweils v-förmig eingeschnitten, so dass der Rand beim Umklappen keine Wellen wirft. Erwärmt man vor dem Umklappen des Randes die eingeritzte Linie, bleibt der Rand in der gewünschten Form (Handschuhe anziehen wegen Verbrennungsgefahr!). Abschließend

**Bauanleitung
Teppichfrisbee**

wird der Rand mit einem Gurtband umnäht oder alternativ (weniger schön, aber schneller) mit einem Tapeband versehen.

Flugeigenschaften
Das Teppichfrisbee fliegt durch seine stabile Form und das hohe Gewicht relativ gut.

Flexible Scheiben

a) Gummifrisbee

Abb. 4: Gummifrisbee

Produktbeschreibung
Schlabberscheibe aus Gummi, die wegen ihres geringen Preises häufig als Werbeträger eingesetzt wird. Lässt sich zusammengeknüllt auch in der Hosentasche transportieren. $\varnothing$ 18 cm, ca. 75 g.

Flugeigenschaften
Die Gummischeibe fliegt nur mit viel Spin und eignet sich nur bedingt zur Wurfschulung, da sie über längere Distanzen wenig richtungsstabil fliegt. Für Abwurfspiele ist sie zweckmäßig, da ungefährlich.

Preis   Ca. 1,– bis 2,50 €

b) Schaumstofffrisbee

Abb. 5: Schaumstofffrisbee

Produktbeschreibung
Neben den grobporigen Schaumstoff-scheiben gibt es auch solche mit einem gummiähnlichen Überzug (Elefanten-haut). Diese sind zwar geringfügig teurer in der Anschaffung, zugleich aber haltbarer, formstabiler und weisen bessere Flugeigenschaften auf. $\varnothing$ 25 cm, 30 bis 40 g.

Flugeigenschaften
Schaumstoffscheiben fliegen über kurze Distanzen relativ passabel, bei weiten Würfen weisen sie allerdings eine deutliche Kipptendenz auf.

Bei Wind sind sie völlig unbrauchbar. Schaumstofffrisbees können für den Einstieg sinnvoll sein, ebenso für Abwurfspiele und zur Materialerkundung. Für ein Erlernen des Werfens eignen sich formstabile Scheiben allerdings besser.

Preis   Ca. 2,50 €

c) Aerobie Squidgie Disc

Abb. 6: Aerobie Squidgie

Produktbeschreibung
Eine weiche Wurfscheibe, die durch ihren spoilerförmigen Rand gute Flugeigenschaften aufweist. Eignet sich auch für den Pool. Auch Hunde freuen sich darüber – die Scheibe wird in etwas dickerer Ausführung auch unter dem Namen „dogobie" verkauft. $\varnothing$ 18 cm.

Flugeigenschaften
Fliegt sehr gut, beständig und weit und eignet sich vorwiegend für gerade Würfe, ist aber windanfällig.

Preis   Ca. 8,– €

d) Hyperflite K10 SofFlite 100 g

Abb. 7: Hyperflite

Produktbeschreibung
Die Hyperflite ist eigentlich als Hundefrisbee ausgewiesen, erweist sich im Schulsportalltag allerdings als sehr brauchbare Softscheibe. Sie ist flexibel, aber auch formstabil und weist hervorragende Flugeigenschaften auf. Für Abwurfspiele und das Erlernen des Werfens und Fangens ist sie gerade auch für ängstliche Kinder eine gute Wahl. $\varnothing$ 22 cm, 100 g.

Auch für das Frisbeespielen mit dem Hund

Flugeigenschaften
Diese Scheibe ist die Softscheibe schlechthin. Sie zeichnet sich durch gute Flugeigenschaften in allen Bereichen aus.

Preis   Ca. 9,– €

Formstabile Scheiben

Auch im Büro einsetzbar

a) Minifrisbee

Produktbeschreibung
Frisbees in Miniaturausgabe. ⌀ 10 cm, ca. 15 g.

Flugeigenschaften
Der Einsatzbereich der Minis erstreckt sich von Zielwürfen auf den Papierkorb im Büro bis hin zu einem kleinen Golfparcours mit umgedrehten großen Scheiben als Ziel.

Preis   Ca. 1,– bis 2,– €

Wettspielscheibe

b) Fastback-Scheibe

Abb. 8: Fastback

Produktbeschreibung
Fastback-Scheiben weisen ein erhöhtes Scheibenzentrum auf, wodurch sie am Ende der Flugbahn relativ langsam fliegen und damit leicht zu fangen sind.
⌀ 23,7 cm, 110 g.

Flugeigenschaften
Durch ihre lange Flugdauer sind Fastback-Scheiben ideal für Selbstfangwürfe oder die Disziplin MTA (= Maximum Time Aloft), bei der die Flugzeit gemessen wird. Fastback-Scheiben sind gute, aber windanfällige Einsteigerscheiben.

Preis   Ca. 9,– €

Leicht zu fangende Einsteigerscheibe

c) Discraft Sky Pro 125 g

Abb. 9: Sky Pro

Produktbeschreibung
Eine kleine Scheibe vom Hersteller Discraft, die sehr gut in der Hand liegt und sich verhältnismäßig schwer und stabil anfühlt. ⌀ 24 cm, 125 g.

Flugeigenschaften

Die Sky Pro ist eine ideale Scheibe für Kinder und Jugendliche. Sie ist deutlich weniger windanfällig als die gleich große Fastback-Scheibe.

Preis Ca. 10,– €

d) *Discraft J*Star 'Junior Ultimate' 145 g | Eurosdisc Frisbeach 135 g | Wham-O All Sport 140 g* **Ideal für Kinder und Jugendliche**

Abb. 10: Allroundscheibe

Produktbeschreibung

Allround-Frisbees, die für Spiel und Spaß am Strand und im Park ideal sind. Sie passen in jeden Rucksack und sind auch für kleinere Hände gut geeignet. ∅ ca. 25 cm, 135–145 g.

Flugeigenschaften

Allroundscheiben sind, wie der Name schon sagt, für jeden Einsatz tauglich. Gerade für Schüler oder im viel besuchten Freibad sind sie angenehmer zu spielen als die großen Scheiben.

Preis Ca. 15,– €

f) *Ultimate-Scheibe* **Allroundscheiben**

Abb. 11: Ultimate-Scheibe

Produktbeschreibung

Diese Scheiben wurden für die Anforderungen beim Mannschaftsspiel Ultimate konzipiert. Ultimate-Scheiben gibt es von allen namhaften Herstellern.
∅ ca. 27,5 cm, 175 g.

Flugeigenschaften

Durch ihre Größe und ihr relativ hohes Gewicht fliegen Ultimate-Scheiben schon mit wenig Rotation sehr stabil und sind im Vergleich zu den Allround-Leichtgewichten deutlich weniger windanfällig. Sie sind aber nicht nur zum Ultimate, sondern für beinahe jeden Einsatzzweck bestens geeignet. Empfehlenswert ab einem Alter von ca. 14 Jahren.

Preis Ca. 12,– bis 20,– € (je nach Design)

Spezialscheiben

In dieser Rubrik finden sich Scheiben, die einen speziellen Einsatzbereich haben.

Für Tricks und Kunststücke

a) *Freestylescheibe*

Produktbeschreibung

Mit nahezu dem gleichen Durchmesser einer normalen Ultimate-Scheibe und einem Gewicht von 160 g weisen Freestylescheiben eine hohe Flugdauer auf. Durch den tiefen und relativ schweren Rand rotieren sie nach dem Andrehen außerordentlich lange und eignen sich hervorragend für Kunststücke und Trickmanöver. Ca. ⌀ 26,5 cm, 160 g.

Flugeigenschaften

Freestylescheiben haben einen definierten Einsatzzweck und eignen sich vornehmlich zum Trick-Spielen, denn das Fangen harter Würfe ist durch den tiefen Rand eher unbequem.

Preis Ca. 12,– €

b) *Disc-Golf-Scheiben*

Mit einem Durchmesser von ca. 21 cm und einem Gewicht von 160 g bis 185 g sind Disc-Golf-Scheiben im Verhältnis zu ihrer Größe relativ schwer. Sie fliegen sehr weit, sind windunanfällig und lassen sich auch durch Äste oder Büsche nicht gleich aus der Flugbahn werfen. Beim Golfspiel mit der Frisbeescheibe unterscheidet man in Abhängigkeit von der Wurfdistanz generell drei Typen: Driver-, Approach- und Putt-Scheiben, wobei es innerhalb dieser Kategorien noch weitere Abstufungen gibt. Da Golf-Discs mit ihrem harten Rand nicht zum Fangen geeignet sind, kommt man als Hobby-Golfer auch mit normalen kleineren Scheiben gut zurecht, die zudem variabler einsetzbar sind.

Driver-, Approach-, Putt-Scheiben

Golfscheiben werden anhand ihrer Flugeigenschaften klassifiziert: Scheiben, die die Tendenz haben, gegen die Drallrichtung zu kippen (also beispielsweise bei einem Rückhandwurf eines Rechtshänders nach links), nennt man „overstable"; solche Scheiben, die tendenziell in Drallrichtung kippen, sind „understable", und Scheiben, die ausgewogen und gerade fliegen, sind „stable". Schwere Scheiben neigen eher dazu, „overstable" zu sein.

c) Frisbee Max-Flight

Produktbeschreibung

Die Max-Flight ist auf maximale Distanz ausgelegt. Im Gegensatz zu den üblichen Weitwurfscheiben ist sie konstruktionsbedingt jedoch auch zum Fangen geeignet, denn das steife Plastikzentrum ist von weichem Gummi umschlossen. ⌀ 22,5 cm, 150 g.

Flugeigenschaften

Die einzige Weitwurfscheibe, die problemlos zu fangen ist.

Preis Ca. 20,– €

d) Unterwasserfrisbee AquaDisc Classic

Produktbeschreibung

Eine interessante Scheibe für den Pool, die unter Wasser bis zu 10 m weit schwebt.

Flugeigenschaften

Die Scheibe pflügt etwas träge durchs Wasser. Man muss die Scheibe beim Werfen mehr schieben. Vorsicht: Die Scheibe darf nicht über der Wasseroberfläche geworfen werden (Verletzungsgefahr). Und sind die Schlitze im Frisbeekörper erst einmal mit Wasser gefüllt, geht die Scheibe unter – also nur im Pool oder in seichten Gewässern spielen.

Preis Ca. 18,– €

Bewertung der gängisten Scheiben im Überblick

Scheibe	Flugeigen- schaften	Stabilität	Wind	Wasser	Anfänger	Indoor	Outdoor
Stofffrisbee	o	+	++	--	+	+	+
Schaumstoff	-	-	--	+	+	++	--
Gummischeibe	o	o	o	++	+	++	o
Hyperflite	++	+	o	++	++	++	+
Fastback	+	+	o	o	++	++	++
Sky Pro	++	+	+	o	++	++	++
J*Star/Frisbeach	++	+	+	o	++	+	++
Ultimate	++	++	++	o	+	-	++

++ = sehr gut, + = gut, o = geeignet, - = weniger geeignet, -- = ungeeignet

1.3   Technik und Methodik

Im Gegensatz zu Bällen weisen Scheiben „ungewöhnliche" Flugeigenschaften auf. Sie segeln dahin, können aber auch überraschend ihre Flugbahn ändern oder Kurven beschreiben. Einige Grundprinzipien des Scheibenflugs zu kennen, erleichtert das Lehren und Lernen. Deshalb werden diese zu Anfang dieses Kapitels erläutert und dann mit Hilfe von Symbolen bei der Beschreibung der einzelnen Würfe in Erinnerung gerufen.

„Basics" des Werfens und Fangens

Bei den Wurftechniken steht der Rückhandwurf an erster Stelle. Er ist der gebräuchlichste Wurf. Alle Spiele lassen sich mit dieser Technik durchführen. Weitere ausgewählte „Basics" des Zupassens und Fangens schließen sich an. Erfahrungsgeleitete Tipps zur Methodik und zum Üben runden das Kapitel ab. Die Ausführungen orientieren sich teilweise an der von uns verwendeten und weiterführenden Literatur, die am Ende des Buches angeführt wird. Hinweis: Alle Beschreibungen sind auf Rechtshänder bezogen und aus der Sicht des Werfers zu lesen.

Zum Scheibenflug

Das Wichtigste zuerst:

Ohne Spin geht nichts

Ohne **Drall/Spin** (Rotation der Scheibe um ihre Längsachse) fliegt eine Scheibe nur instabil und ungenau. Diesen Drall erhält die Scheibe

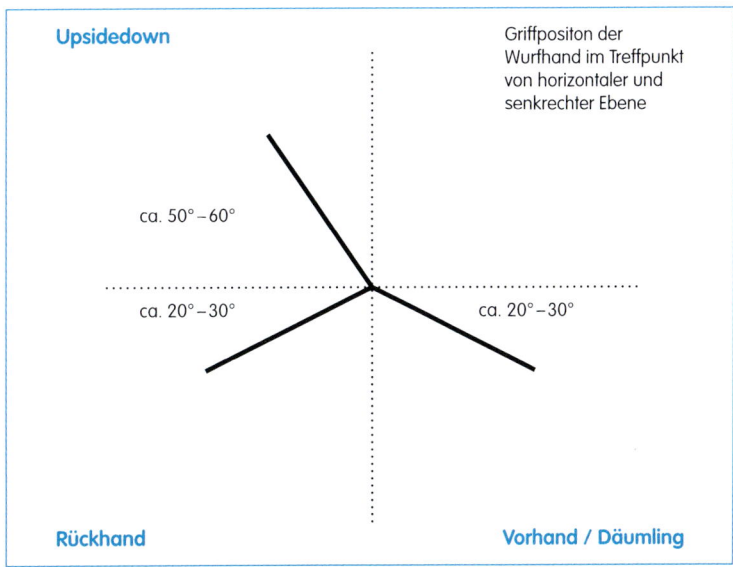

Abb. 12: Abwurfneigungen

bei den meisten Würfen durch eine explosive Streckbewegung des Handgelenks in Wurfrichtung. Neben dem Drall sind **Abwurfneigung** und **Kipptendenz** entscheidende Faktoren für den Flug. Unter Abwurfneigung ist die seitliche Abweichung aus der Horizontalen im Moment des Abwurfs zu verstehen.

Die Abwurfneigung steht in engem Zusammenhang mit dem Drall. Rechtsdrehende Scheibenwürfe (z. B. Rückhandwürfe von Rechtshändern) haben die Tendenz nach rechts abzukippen. Bei einem Rückhandwurf eines Rechtshänders bedeutet dies, dass die Abwurfneigung nach links ausgerichtet sein muss, um die Kipptendenz nach rechts auszugleichen und einen geraden Flug zu ermöglichen. Im Folgenden werden diese Eigenschaften durch Symbole verdeutlicht:

Drall	↻	Rechtsdrall	↺	Linksdrall
Kipptendenz	→	nach rechts	←	nach links
Abwurfneigung	╱	nach links	╲	nach rechts
			╲	beim Upside-down

Zur Frisbeephysik

Moderne Frisbees erinnern kaum noch an die Tortenböden ihrer Namensgeberin, der Frisbie Pie Baking Company aus Bridgeport (US-Bundesstaat Connecticut). Moderne Plastikscheiben haben eine Form, die es ihnen erlaubt, sich kreiselnd bis zu Weiten von über 200 Metern in der Luft zu halten. Dabei bedienen sie sich des aerodynamischen Auftriebs, einem Prinzip, nach dem auch Flugzeugtragflächen, Windsurfsegel oder Spoiler von Rennautos funktionieren. Die Scheibe teilt den Luftstrom an ihrer Vorderkante. Weil der Werfer sie leicht aufstellt und die Scheibenoberseite gewölbt ist, muss der obere Luftstrom einen längeren Weg zurücklegen als der untere und fließt dementsprechend dort auch schneller. Da nach dem Gesetz von Bernoulli bei Gasen das Produkt aus Geschwindigkeit und Druck immer konstant ist, entsteht auf der schnell umströmten Oberseite relativer Unterdruck, auf der Unterseite Überdruck und durch die Druckdifferenz aerodynamischer Auftrieb.

Aerodynamischer Auftrieb

Damit die Scheibe stabil fliegt, muss sie der Werfer in Rotation versetzen, da ansonsten die Vorderseite mehr Auftrieb erfährt als der Rest der

Scheibe, d. h. die Auftriebskräfte setzen nicht mittig an. Das Drehmoment stabilisiert zudem die Drehachse: Eine Frisbeescheibe fliegt also umso stabiler, je mehr Rotation sie hat. Am oberen Rand der Anströmkante haben die meisten Frisbeescheiben außerdem ca. 15 Stabilisierungsrillen. Diese erzeugen kleine Luftwirbel und Turbulenzen und verhindern – ähnlich wie beim Golfball die Dellen –, dass die Strömung abreißt.

Grundlegende Wurf- und Fangtechniken

Die wichtigsten Wurf- und Fangtechniken

Neben dem Basiswurf „Rückhandwurf" sind der Vorhandwurf, der Däumling (Daumenwurf) und der „Upside-down" die gebräuchlichsten Wurftechniken. Diese Würfe erweitern das Technikrepertoire und eröffnen zusätzliche Handlungsmöglichkeiten. Ein Exkurs zum Thema Kurvenwürfe rundet den Teilbereich ab. Beim Fangen werden der „Sandwichcatch", das einhändige und das beidhändige Fangen als Grundfangarten vorgestellt. Ein abschließender, kleiner Ausflug in den Bereich der Trickwürfe und -fänge will zeigen, dass der Fantasie keine Grenzen gesetzt sind.

Bei der Beschreibung der Wurf- und Fangtechniken konzentrieren wir uns auf die entscheidenden Aspekte der Bewegungsausführung, zeigen Hauptfehlerbilder auf und schlagen Korrekturmöglichkeiten vor. Gerade im Anfängerbereich sind diese Tipps hilfreich. Mit zunehmender Übung entwickeln die Werfer mehr Gespür für den Scheibenflug und anfängliche Fehler können selbstständig behoben werden.

Rückhandwurf (Backhand)

Rückhand – der Basiswurf

Die Rückhand ist die am weitesten verbreitete Wurftechnik beim Frisbeespielen. Sie ist leicht zu lernen und variabel einsetzbar – der Basiswurf schlechthin.

Griff
Der Daumen befindet sich auf der Oberseite der Scheibe. Die anderen Finger liegen auf der Unterseite. Der Zeigefinger kann zur Stabilisierung gestreckt an den äußeren Scheibenrand genommen werden. Der äußere Scheibenrand hat Kontakt mit der Handfläche. *Merkhilfe/Metapher:* Pistole (die Finger der Wurfhand formen eine Pistole, die im ca. 45°-Winkel zu Boden zeigt. Wird die Scheibe in die Wurfhand geführt

Lernmetapher

und die Finger schließen sich, entspricht dies der angestrebten Griff-haltung).

Abb. 13a und 13b: Griff bei der Rückhand

Ausgangsposition
Es wird eine leicht seitliche Schrittstellung eingenommen. Der rechte Fuß steht vorn und zeigt in Richtung Wurfziel. Die Beine sind im Kniegelenk etwas gebeugt. Der Blick zum Zielpunkt erfolgt über die Wurfarmschulter, die zum Ziel zeigt.

Wurfbewegung
Zum Ausholen wird der Wurfarm nach hinten in Richtung der linken Hüfte geführt. Der Oberkörper rotiert mit und das Handgelenk ist so stark zur Handfläche hin geneigt, dass die Scheibe die Innenseite des Unterarms berührt. Unterstützt durch das Wiederaufdrehen des Ober-körpers führt der Ellbogen die Wurfbewegung an. Kurz bevor der Arm ganz gestreckt ist, erfährt die Scheibe durch eine explosive Handge-lenksstreckung ihre Endbeschleunigung. Nach Verlassen der Scheibe zeigt die Hand in Richtung Ziel. Während des Wurfes findet eine Gewichtsverlagerung vom hinteren auf das vordere Bein statt.

Abb. 14a bis d: Bilderreihe Rückhandwurf

Rückhand:
Fehler und
Korrekturen

Fehlerbild	Ursachen / Korrektur
Die Scheibe fliegt instabil, sie „eiert".	Ursache für einen instabilen Flug ist ein zu geringer Scheibendrall. Deshalb sollte mehr aus dem Handgelenk geworfen und dieses explosiver gestreckt werden. Bei der Ausholbewegung ist darauf zu achten, dass der Scheibenrand die Innenseite des Unterarms berührt. Als Hilfe kann die Vorstellung „Big Spender" dienen. Also wie ein lässiger Fernsehheld, Geld rückhändig auf einen Tisch zu werfen.
Die Scheibe kippt nach rechts ab.	Die Ursache hierfür liegt in einer zu geringen seitlichen Abwurfneigung. Bei einem Rückhandwurf eines Rechtshänders lautet die Korrektur: Neige die Scheibe ausgeprägter nach links beim Abwurf.
Die Scheibe verfehlt ihr Ziel und der Wurf wirkt unkoordiniert.	Dies kann zwei Ursachen haben. Entweder liegt ein schlechtes Timing der Handöffnung im Moment des Abwurfs vor, oder der Wurf erfolgt zu stark aus dem Körper und dem Arm und die Scheibe wird „verrissen". Als Korrektur für die Handöffnung kann der Hinweis gegeben werden, mit der Wurfhand nach erfolgtem Abwurf genau in Richtung Zielpunkt zu zeigen oder genau im Moment des richtigen Abwurfzeitpunkts „Jetzt" oder „Hopp" zurufen. Im zweiten Fall sollte die Wurfdistanz vermindert und betont aus dem Handgelenk geworfen werden.

Däumling / Daumenwurf (Thumber)

Der Däumling erweitert das Wurfrepertoire. Die Scheibe wird dabei um den Daumen gedreht bzw. mit Hilfe des Daumens beschleunigt und in Rotation versetzt. Wird dieser Wurf sicher beherrscht, kann man damit Würfe mit hoher Geschwindigkeit ausführen.

Griff
Der Daumen zeigt entgegen der Wurfrichtung und liegt fest am Innenrand der Scheibe. Die anderen Finger umschließen den Außenrand der Frisbee-Scheibe und liegen auf ihrer Oberseite auf. Das Handgelenk ist nach hinten abgeknickt, so dass die Finger leicht seitlich am Werfer vorbei nach vorne zeigen. *Merkhilfe/Metapher:* Autostopp (die Hand-

Lernmetapher

haltung und die Position der Finger ähnelt der beim Versuch eine Mitfahrgelegenheit am Straßenrand zu ergattern).

Abb. 15: Griff beim Däumling

Ausgangsposition
Der Werfer steht in seitlicher Schrittstellung. Die Knie und die Hüfte sind leicht gebeugt. Der linke Fuß steht vorn und der Blick zum Wurfziel erfolgt über die Nichtwurfarmschulter, die Richtung Zielpunkt ausgerichtet ist.

Wurfbewegung
Zum Ausholen wird der Wurfarm mit leicht gebeugtem Ellbogen nach hinten geführt. Der Oberkörper dreht leicht mit und das Gewicht verlagert sich auf das hintere Bein. Das Handgelenk ist maximal nach hinten abgeknickt. Beim Wurf dreht der Oberkörper wieder zurück in Zielrichtung und der Beugewinkel in Knie- und Hüftgelenken wird leicht vergrößert. Der Ellbogen führt die Wurfbewegung an und wird eng am Körper vorbei nach vorne geführt. Der Oberarm-Unterarm-Winkel verringert sich dadurch auf ca. 90°. Etwa auf Hüfthöhe überholt der Unterarm den Ellbogen und beschleunigt „peitschenartig" weiter. Eine explosive Handgelenksstreckung schließt sich an. Mit Verlassen der Hand drückt der Daumen kräftig auf den Innenrand der Scheibe **Daumen drückt auf den Innenrand der Scheibe**

Abb. 16: Wurfbewegung beim Däumling

und hilft so, die Rotationsgeschwindigkeit zu erhöhen. Der Arm ist nun nahezu gestreckt nach außen rotiert (Supination) und der Daumen der Wurfhand zeigt mit der Handfläche nach oben in Richtung Ziel. Das Gewicht hat sich auf das vordere Bein verlagert.

Däumling: Fehler und Korrekturen

Fehlerbild	Ursachen / Korrektur
Die Frisbee kippt nach links ab	Der Däumling ist ein linksdrehender Wurf und hat die Tendenz, nach links abzukippen. Dies muss durch eine Neigung der Frisbee-Scheibe nach rechts im Moment des Abwurfs ausgeglichen werden. Korrekturhinweise für einen Rechtshänder lauten: Neige die Scheibe beim Abwurf mehr nach rechts. Oder: Unterstütze die Abwurfneigung nach rechts durch ein deutlicheres Abknicken des Oberkörpers und der Wurfschulter nach rechts-vorne im Moment des Abwurfs. Oder: Drehe die Handfläche und die Innenseite des Unterarms beim Abwurf bewusst nach oben.
Die Scheibe wird falsch herum (rechtsrotierend) um den Daumen geworfen. Es kommt ein völlig verunglückter Wurf zu Stande.	Dies ist ein typischer Anfängerfehler, der auf eine nicht gut ausgeprägte Bewegungsvorstellung zurückgeführt werden kann. Die Scheibe wird nicht von innen (körpernah) nach außen (körperfern) um den Daumen geworfen, sondern anders herum. Hilfreich ist hier eine erneute Demonstration und ein Führen der Bewegung. Bewährt hat sich beim Üben, die Ausholbewegung zu unterdrücken, damit sich der Werfer ganz auf die Bewegung des Unterarms und der Hand konzentrieren kann. Die linke Hand fasst dabei den rechten Oberarm und fixiert diesen am Körper. Die Würfe werden nur noch aus dem Unterarm und der Hand ausgeführt. Als verbale Unterstützung empfiehlt sich: Scheibe explosiv nach außen, Handfläche oben.
Die Frisbee segelt links oder rechts am Ziel vorbei.	Der Grund liegt in einer falsch getimten Hand-öffnung (zu früh oder zu spät) oder in einem ungenauen Anvisieren des Ziels. Um das Fehlerbild zu korrigieren, wird der Abwurfzeitpunkt verbal von außen oder vom Werfer selbst unterstützt („jetzt / hopp") und nach dem Abwurf mit der Wurfhand genau in Richtung Ziel gedeutet.

Vorhandwurf (Sidearm/Forehand)

Anders als die Rückhand, erfordert der Vorhandwurf mehr Übung, bis er sicher beherrscht wird. Hat man den „Dreh" heraus, ist die Vorhand eine echte Alternative.

Griff
Für den Vorhandwurf sind Daumen, Zeige- und Mittelfinger relevant. Der Mittelfinger wird an den Innenrand des Frisbees gedrückt, der Zeigefinger ist Richtung Scheibenmitte abgespreizt und der Daumen schließt auf der Scheibenoberseite den Griff ab. Der Außenrand der Frisbee-Scheibe liegt in der Beuge von Daumen und Zeigefinger, während der Ringfinger und der kleine Finger an die Handinnenfläche gelegt sind. *Merkhilfe/Metapher:* Victory (Zeige- und Mittelfinger bilden bei diesem Griff ein „V", ähnlich wie bei dem bekannten Zeichen). **Lernmetapher**

Abb. 17: Griff bei der Vorhand

Ausgangsposition
Es wird eine seitliche Schrittstellung eingenommen, wobei der linke Fuß vorne steht. Der Blick des Werfers geht über die linke Schulter, die in Wurfrichtung zeigt, zum Zielpunkt. Knie und Hüfte sind locker gebeugt.

Wurfbewegung
Die Wurfarm wird mit gebeugtem Ellbogengelenk leicht zurück genommen (kleine Ausholbewegung). Das Gewicht verlagert sich auf das rechte Bein. Das Handgelenk ist maximal nach hinten überstreckt und der Handrücken zeigt nach hinten-unten. Der Ellbogen führt die

Wurfbewegung an. Er wird eng und schnell am Körper vorbei gezogen. Der Unterarm hängt zurück, überholt den Ellbogen jedoch ungefähr auf Hüfthöhe und schnellt „peitschenartig" in einem Winkel von ca. 90° zum Oberarm nach vorn. Es folgt eine explosiver Handgelenkseinsatz in Wurfrichtung.

Mittelfinger drückt auf den Innenrand der Scheibe

Mit Verlassen der Hand drückt der Mittelfinger kräftig an den Innenrand der Scheibe und erhöht so die Rotationsgeschwindigkeit. Der Wurfarm ist nun nahezu gestreckt nach außen rotiert (Supination). Der Mittelfinger der Wurfhand zeigt mit der Handfläche nach oben Richtung Ziel.

Abb. 18: Wurfbewegung bei der Vorhand

Vorhand: Fehler und Korrekturen

Fehlerbild	Ursachen / Korrektur
Die Scheibe kippt nach links ab.	Der linksdrehende Wurf hat die Tendenz nach links zu kippen. Eine Rechtsneigung im Moment des Abwurfs verhindert das Abkippen. Der Korrekturhinweis lautet: Versuche die Scheibe beim Abwurf deutlicher nach rechts hängen zu lassen.
Die Scheibe „eiert". Fortsetzung S. 30	Ein instabiler Flug ist auf zu geringen Drall / Spin zurückzuführen. Dieser entsteht beim Vorhandwurf durch einen explosiven Handgelenkseinsatz und eine Außenrotation des Unterarms. Ähnlich wie beim Däumling lässt sich dies isoliert üben, indem die linke Hand den rechten Oberarm am Körper fixiert. Das Hauptaugenmerk liegt nun auf Hand und Unterarm. Die Vorstellung einer schallenden „Ohrfeige" kann die Bewegung unterstützen. Als verbale Hinweise sind hilfreich: Überstrecke das Handgelenk maximal nach hinten und klappe es explosiv nach vorn!

Fehlerbild	Ursachen / Korrektur
Die Scheibe wird geschleudert statt geworfen.	Der Grund liegt in einer zu großen Ausholbewegung des Oberkörpers und einer mangelnden Unterarm-Hand-Koordination. Der Hinweis ohne Oberkörperrotation zu werfen sollte in jedem Fall gegeben werden. Die schon erwähnte Übung (linke Hand fixiert rechten Oberarm) hilft auch bei diesem Fehlerbild den Fokus bewusst auf die Unterarm-Hand-Koordination zu lenken. Als verbaler Hinweis dient: Die Hand schnellt explosiv nach vorn, der Unterarm dreht schnell nach außen.

Upside-Down

Das Besondere an diesem Wurf ist, dass die Scheibe mit der Oberseite nach unten fliegt. Hieraus ergeben sich Eigenheiten bezüglich der Flugeigenschaften, die eigentlich auch aus der Perspektive des Kopfstandes betrachtet werden müssten. Der Einfachheit halber jedoch nur Folgendes: Der Upside-Down hat im Vergleich zum Vorhandwurf eine deutlich stärkere Tendenz, nach links abzukippen. Die Abwurfneigung, die diese Tendenz ausgleicht, muss daher größer gewählt werden. Der Wurf beschreibt eine mehr oder minder hohe Rechtskurve, weshalb ein Punkt links über dem eigentlichen Ziel angepeilt werden muss.

Fliegt mit der Oberseite nach unten

Griff
Der Upside-Down wird mit dem gleichen Griff wie die Vorhand geworfen. Der Mittelfinger liegt am Innenrand, der Zeigefinger zeigt zur Scheibenmitte und der Daumen schließt den Griff auf der Scheibenoberseite ab. Auch hier kann das „V" als Merkhilfe dienen (vgl. Vorhandwurf). Mit der Scheibe wird ein „Dach" gebaut.

Lernmetapher

Abb. 19: Griff beim Upside-Down

Ausgangsposition
Es wird eine leicht seitliche Schrittstellung eingenommen. Der linke Fuß steht vorn. Hüfte und Knie sind leicht gebeugt. Der Blick ist auf einen Punkt links über dem eigentlichen Ziel gerichtet.

Wurfbewegung

Schlagwurf-
bewegung

Wie bei Schlagwurfbewegungen in anderen Sportarten wird der Oberkörper nach hinten überstreckt (Bogenspannung) und die Wurfarmschulter zurückgenommen. Mit dem Wurf wird diese Vorspannung des Körpers aufgelöst und der Arm „peitschenartig" beschleunigt. Der Ellbogen führt die Bewegung an und wird seitlich eng am Kopf vorbeigezogen. Der Unterarm und die Hand überholen den Ellbogen. Das maximal nach hinten überstreckte Handgelenk wird explosiv nach vorn beschleunigt und der Mittelfinger drückt auf den Innenrand der Scheibe, um die Rotationsgeschwindigkeit zu erhöhen. Das Gewicht hat sich vom hinteren auf den vorderen Fuß verlagert und der ganze Körper ist nach dem Abwurf gestreckt.

Abb. 20: Wurf und Flugkurve beim Upside-Down

Upside-Down:
Fehler und
Korrekturen

Fehlerbild	Ursachen / Korrektur
Die Frisbee geht schnell in den horizontalen Flug mit der Oberseite nach unten über und kippt dann nach links ab. Fortsetzung S. 30	Ein Überdrehen kommt zu Stande, wenn der Neigungswinkel beim Abwurf zu flach (zu waagerecht) gewählt wurde. Die Scheibe muss beim Abwurf deutlicher in die Senkrechte aufgerichtet werden, um die starke Kipptendenz nach links auszugleichen. Als Hinweis dient: Die Scheibe beim Abwurf etwas senkrechter aufstellen und ein steileres „Dach" bauen!

Fehlerbild	Ursachen / Korrektur
Die Scheibe geht nicht in den horizontalen Flug über, sondern kommt senkrecht wie ein Fallbeil auf.	Anders als beim ersten Fehlerbild ist hier die Abwurfneigung fast senkrecht oder senkrecht ausgeprägt. Die Scheibe kann deshalb nicht in einen waagerechten Flug mit der Oberseite nach unten übergehen, sondern durchschneidet die Luft und kommt in nahezu der gleichen Position zu Boden, aus der sie abgeworfen wurde. Der Korrekturhinweis lautet: Halte die Scheibe beim Abwurf etwas waagerechter!
Die Scheibe fällt rechts neben oder vor dem Ziel zu Boden.	Tritt dieser Fehler auf, wurde ein falscher Zielpunkt anvisiert. Fällt die Scheibe zu früh zu Boden, wurde zu flach gezielt. Fällt sie rechts vom Ziel zu Boden, wurde ein Punkt zu nah am eigentlichen Wurfziel angepeilt und die für diesen Wurf typische Rechtskurve nicht mit einberechnet. Der Hinweis lautet: Versuche auf einen Punkt weiter links und hoch über dem eigentlichen Ziel zu werfen!

Exkurs Kurvenwürfe

Beim Anfänger entstehen Flugkurven während der ersten Wurfversuche oft ungewollt. Der Werfer weiß nicht so recht, warum die Scheibe eine Kurvenbahn beschreibt. Der Fortgeschrittene und der Könner setzen solche Würfe jedoch bewusst ein, um bestimmte Hindernisse zu umspielen. Im Unterschied zu den geraden Würfen sind bei Kurvenwürfen drei Prinzipien zu beachten:

1. Die Scheibe ist beim Abwurf zu der Seite zu neigen, zu der die Kurve erfolgen soll.
2. Der frontale Abwurfwinkel ist größer. Die Scheibe wird mehr Richtung Hallendecke oder Himmel abgeworfen.
3. Es wird nicht genau in Richtung Ziel geworfen, sondern entweder links oder rechts am Ziel vorbei.

Drei Prinzipien beim Kurvenwerfen

Will ein Rechtshänder einen Rückhandwurf mit einer Rechtskurve werfen, muss er seine Ausgangsstellung so verändern, dass er mit einem normalen Wurf eigentlich links am Ziel vorbeiwerfen würde. Durch die seitliche Abwurfneigung der Scheibe nach rechts (d. h. der rechte Scheibenrand liegt im Moment des Abwurfs tiefer als der linke) und den größeren Frontalwinkel (mehr Richtung Decke oder Himmel) wird dies ausgeglichen. Die Scheibe beschreibt im Idealfall eine Rechtskurve und erreicht ihr Ziel auf einer etwas höheren, kurvenförmigen Flugbahn.

Frontalwinkel und Abwurfneigung

Gegengleiches trifft für den Rechtshänder zu, der einen Rückhandwurf als Linkskurve werfen will. Der Werfende muss folglich die seitliche Abwurfneigung, noch deutlicher als bei einem geraden Wurf, nach links ausrichten, rechts am Zielpunkt vorbei werfen und den frontalen Abwurfwinkel Richtung Hallendecke oder Himmel vergrößern. Dann beschreibt die Scheibe eine linksgerichtete und etwas höher ausfallende kurvenförmige Flugbahn zum eigentlichen Ziel.

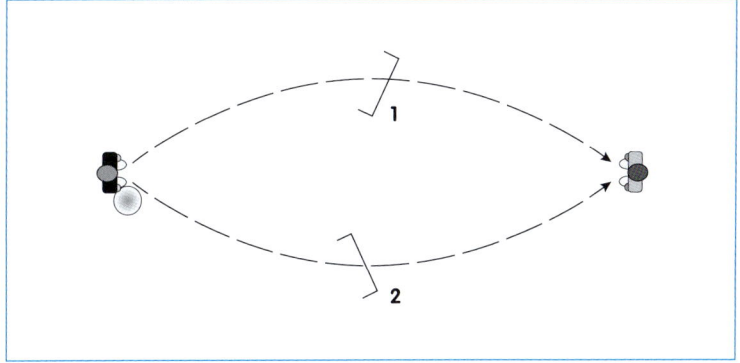

Abb. 21: Kurvenwürfe

Fangen: Sandwichcatch

Für Anfänger als auch für Fortgeschrittene ist der Sandwichcatch die sicherste Art eine Frisbeescheibe zu fangen. Die Scheibe wird dabei zwischen den beiden Handflächen wie der Belag eines Sandwichs eingeklemmt. Mit dieser Technik werden Scheiben gefangen, die im Bereich des Oberkörpers zwischen Hüfte und Schulter anfliegen.

Handhaltung
Die Hände – eine Hand oben, eine Hand unten – werden vor dem Körper mit leicht gebeugten Ellbogen geöffnet. Die Position der Hände ist exakt übereinander und die Handflächen zeigen zueinander. Die Finger sind gespreizt und angespannt. Der Abstand der Finger ist dabei

Merkhilfe

größer als der der Handgelenke. *Merkhilfe/Metapher:* Alligator (die

Handhaltung sieht so ähnlich aus wie das geöffnete Kiefer eines Krokodils).

Bewegungsausführung
Der Körper wird möglichst frühzeitig exakt hinter die anfliegende Scheibe gebracht. Die Kniegelenke und die Hüfte sind leicht gebeugt. Das Körpergewicht ruht auf beiden Füßen, wobei meist ein Fuß näher zur Scheibe steht. Durch ein schnelles Schließen der Hände (Zuschnappen des Kiefers) wird die Scheibe mittig, mit einer Hand auf der Unterseite und einer Hand auf der Oberseite, gefangen. Aber Achtung: Die Scheibe sollte nie mit dem Sandwichcatch in Gesichtshöhe gefangen werden (Verletzungsgefahr!).

Abb. 22: Sandwichcatch

Fehlerbild	Ursachen / Korrektur
Die Scheibe wird zwar von beiden Händen berührt, gleitet jedoch aus den Händen.	Die Hände liegen nicht exakt übereinander, haben einen zu großen oder zu kleinen Abstand zueinander und schließen asynchron. Als Korrekturübung soll der präzise Handschluss „trocken" geübt werden. Die Hände dabei mit dem richtigen Abstand (wie das Kiefer des Krokodils) genau aufeinander klatschen lassen.
Die Scheibe prallt auf die Fingerspitzen oder gleitet an den Unterarmen entlang Richtung Oberkörper.	Der Handschluss erfolgt entweder zu früh oder zu spät. Als Korrekturhilfe kann dem Schüler im richtigen Moment das Kommando „und zu / und hopp" zugerufen werden. Auch die eigenständige verbale Begleitung der Schließbewegung ist hilfreich.

Sandwichcatch: Fehler und Korrekturen

Beidhändiges Fangen

Das beidhändige Fangen ist weniger elegant, aber neben dem Sand-wichcatch die sicherste Variante eine Frisbeescheibe zu fangen. Der Einsatzbereich ist breit gestreut. Beidhändig kann u. a. auch im Sprung, im Fallen oder knapp über dem Boden gefangen werden. Bei Fängen in Gesichtshöhe muss unbedingt auf einen engen Abstand der Hände geachtet werden (Verletzungsgefahr!).

Handhaltung
Die Handhaltung entspricht der beim einhändigen Fangen. Der Unter-schied ist, dass beide Hände auf gleicher Höhe weit geöffnet sind und jede ein „C" mit dem Daumen und den restlichen Fingern bildet. Ober-halb der Hüfte zeigen die Daumen wieder nach unten, unterhalb der Hüfte nach oben. Der Abstand der Hände beträgt ca. 10–15 cm. Die Merkhilfe/Metapher lautet ebenso wie beim einhändigen Fangen: Oberhalb der Hüfte „Hohes C"; unterhalb der Hüfte „Tiefes C".

Merkhilfe

Bewegungsausführung
Das frühzeitige Einnehmen einer günstigen Ausgangsposition ist auch beim beidhändigen Fangen wichtig. Gegebenenfalls muss der Scheibe entgegengegangen werden. Je nach Anflughöhe der Frisbee-Scheibe werden die Hände in Position gebracht und in Richtung der ankom-menden Scheibe geführt. Minimal vor dem Kontakt des Außenrandes mit den Handinnenflächen „schnappen" die Finger beider Hände gleichzeitig zu und die Scheibe wird Richtung Körper gezogen.

Abb. 23: Beidhändiges Fangen

Fehlerbild	Ursachen / Korrektur
Die Scheibe prallt von den Handinnenflächen oder den Fingerspitzen ab.	Hier liegt falsches Timing beim „Zuschnappen" vor. Der Handschluss erfolgte entweder zu früh und die Scheibe trifft auf die Fingerspitzen oder zu spät und die Frisbee prallt von den Handinnenflächen ab. Wie bei den anderen Fangarten erfolgt als Korrektur eine verbale Begleitung von außen oder durch den Fänger selbst, die den richtigen Zeitpunkt des „Zuschnappens" akzentuiert, z. B. „und schnapp / und jetzt". Als weiterer Tipp kann auch das bereits erwähnte leichte Mitgehen der Hände in Flugrichtung der Scheibe helfen, den Abprall von den Handinnenflächen zu verhindern.
Die Scheibe gleitet durch die Hände.	Die Ursache ist ein zu großer Abstand der Hände oder ein Drehen der Hände nach außen, so dass die Handinnenflächen nicht Richtung Scheibe zeigen, sondern zueinander. Ein Fangen der Scheibe ist so deutlich erschwert und kann auf Gesichtshöhe sprichwörtlich ins Auge gehen. Der Hinweis beim Üben muss deshalb lauten: Verringere den Abstand der Hände und drehe sie mit den Innenflächen Richtung Scheibe!

Beidhändig: Fehler und Korrekturen

Einhändiges Fangen

Das einhändige Fangen sieht eleganter aus als der Sandwichcatch und wird dann benutzt, wenn dieser entweder nicht mehr möglich ist (z. B. im Sprung, knapp über dem Boden, seitlich vor dem Körper) oder man ohne Umzugreifen einen weiteren Wurf (Däumling) anschließen möchte (z. B. unter Zeitdruck beim Ultimate-Spiel). Wird die Scheibe über Hüfthöhe gefangen, zeigt der Daumen der Fanghand nach unten und die restlichen Finger nach oben. Fängt man die Scheibe unterhalb der Hüfte, ist es umgekehrt.

Elegant und praktisch

Handhaltung
Die Hand ist weit geöffnet. Der Daumen und die übrigen Finger beschreiben ungefähr die Form des Buchstaben „C". *Merkhilfe/ Metapher:* Oberhalb der Hüfte „Hohes C"; unterhalb der Hüfte „Tiefes C".

Merkhilfe

Bewegungsausführung
Es gilt, möglichst frühzeitig eine günstige Ausgangsposition für das
einhändige Fangen der Scheibe zu erreichen und der Scheibe gegebenenfalls entgegenzulaufen. Gut ist eine Position, die es erlaubt, die
Scheibe seitlich vor dem Körper zu fangen. Der Fangarm wird der
Scheibe etwas entgegengeführt. Minimal vor dem Kontakt der Scheibe
mit der Handinnenfläche „schnappen" die Finger zu. Die Scheibe wird
sozusagen aus der Luft „gepflückt" und an den Körper herangezogen.

Abb. 24: Einhändiges Fangen

Einhändig:
Fehler und
Korrekturen

Fehlerbild	Ursachen / Korrektur
Die Scheibe prallt von der Hand-innenfläche oder den Fingerspitzen ab.	Der Zeitpunkt des Zuschnappens wurde nicht genau genug getimt. Wie schon beim Sandwich-catch wird dem Fänger „und schnapp / und hopp" zugerufen. Eine eigene verbale Begleitung kann ebenso erfolgen. Ein weitere Tipp ist, durch ein leichtes Mitgehen der Hand in Flugrichtung der Scheibe, den Abprall von der Handinnenfläche zu vermeiden.
Die Scheibe dreht sich wiederholt aus der Hand des Fängers.	Die Drallrichtung und die Drallstärke sind beim einhändigen Fangen zu beachten. Sie sind die Ursache für das Herausdrehen aus der Hand. Eine mit Rechtsdrall anfliegende Scheibe dreht sich in die rechte Fanghand (bei Daumen unten) hinein und kann leichter gefangen werden. Anders verhält es sich bei Linksdrall oder beim Fangen mit der linken Hand. Ein beherztes „Pflücken" der Scheibe im richtigen Moment kann das Herausdrehen verhindern.

Exkurs: Trickwürfe und Trickfänge

Neben den beschriebenen Standardtechniken gibt es noch eine Vielzahl sogenannter Trickwürfe und -fänge. Die Scheibe kann z. B. hinter dem Rücken, zwischen den Beinen oder unter dem Bein durch geworfen werden. Das Fangen ist auch hinter dem Kopf, unter dem T-Shirt, auf der Wade usw. möglich. Der Fantasie sind keine Grenzen gesetzt. Als Anregung wollen wir nur einige Möglichkeiten darstellen.

Abb. 25: Trickwürfe und -fänge

Abschließende Tipps zur Methodik

Die nachstehenden Tipps beruhen auf den Erfahrungen, die wir beim Frisbeeunterrichten mit Anfängern und auch Fortgeschrittenen gemacht haben. Damit wollen wir Hinweise geben, die uns bei der Herangehensweise und bei der Frage nach dem „Wie" wichtig erscheinen. Wir haben unsere Erfahrungen in kleine „Merksätze" verpackt.

In der Kürze liegt die Würze

Abstand 5 – 8 m

Gerade im Anfängerbereich ist es wichtig, den Abstand zwischen Werfer und Ziel/Fänger nicht zu groß zu wählen. Ein Abstand zwischen 5 – 8 m ist günstig. Dadurch wird verhindert, dass die Scheibe zu stark aus dem Körper und dem Arm geworfen wird, nur damit die Distanz zum Zielpunkt erreicht werden kann. Die geringe Distanz erlaubt es den Lernenden, sich ganz auf den explosiven Einsatz des Handgelenks zu konzentrieren, der unabdingbare Voraussetzung für einen stabilen und präzisen Wurf ist.

Auch mal mit Links bzw. Rechts

Beidhändig probieren

Kontrasterfahrungen können den Lernprozess bereichern. Eine ausgeprägte Einseitigkeit sollte nicht angestrebt werden. Also nicht nur permanent mit der „Schokoladenseite", sondern ruhig auch mal mit der „schlechten Hand" probieren und üben. Dies erhöht die Variabilität und steigert den Bestand an Bewegungserfahrungen. Nicht selten erlebt man, dass nach mehrmaligem Üben mit der „falschen Hand" plötzlich auch Fortschritte auf der „Schokoladenseite" gemacht werden.

Erst probieren und dann studieren

Differenzierte Erfahrungen machen

Das bewährte Prinzip „Vormachen – Nachmachen + Korrektur" stellt zwar den schnellsten Weg zum sicheren Werfen und Fangen dar, den Lernenden sollte aber auch genügend Zeit zum selbstständigen Experimentieren gegeben werden. Im Sinne einer Explorationsphase können die Lernenden unterschiedlichste Wurf- und Fangerfahrungen machen. Ein Angebot verschiedener Wurfscheiben (z. B. aus Stoff, Gummi, Plastik), die unterschiedlich windanfällig sind und auch unterschiedlich weit oder präzise fliegen, trägt dazu bei, dass differenziert erfahren wird, wie verschieden Frisbeescheiben segeln, Kurven beschreiben, abstürzen oder gefangen werden können.

Nach solchen Vorerfahrungen kann zum Erlernen des Rückhandwurfes und zum Sandwichcatch übergegangen werden. Im Anschluss hieran können weitere Technikformen angeboten werden (z. B. der Däumling oder das Einhändige Fangen), die das Repertoire erweitern.

20 Übungen
mit der Frisbeescheibe

Kapitel

2

2   20 Übungen mit der Frisbeescheibe

Damit das Üben nicht langweilig wird, bietet es sich an, die Übungs-aufgaben immer wieder zu variieren. Die folgenden Übungen sind für Anfänger und Fortgeschrittene gedacht. Sie können in der Halle und im Freien angeboten werden.

Einige wichtige Aufstellungsformen für einfache Übungen zum Passen und Fangen sind:

Linie: Die Werfer stellen sich nebeneinander auf.

Gasse: Werfer- und Fängergruppen stellen sich in zwei Linien auf und schauen sich gegenseitig an. Das ist die gebräuchlichste Aufstellung zum Üben des Werfen und Fangens. Der Abstand zwischen den Paaren kann variiert werden; wichtig ist ein ausreichender Abstand zu den jeweiligen Nachbarn.

Reihe: Werfer oder Fänger stehen hintereinander.

Riege: Werfer und Fänger stehen sich in zwei Reihen gegenüber und schauen sich an. Nach dem Wurf wechselt der Werfer entwe-der an die letzte Position in seiner Reihe oder an die letzte Position in der Reihe gegenüber. **Mögliche Aufstellungen**

Kreis: Beim Innenstirnkreis schauen alle Werfer oder Fänger zur Kreismitte. Dieser bietet sich z. B. an, wenn ein überraschen-des Zupassen und Fangen geübt werden soll.

Fächer: Ein halber Innenstirnkreis mit Blick auf einen zentralen Wer-fer, der vor dem Halbkreis steht. Diese Aufstellung bietet sich an, wenn ein zielgenaues Werfen und mehrfaches Fangen geübt werden soll.

Für den gesamten Übungsbetrieb sind zwei Regeln grundlegend: **Sicherheitsregeln**
1. Niemand darf den Wurfbereich kreuzen!
2. Beim Scheibenholen besteht für die Nachbargruppen Wurfverbot!

2.1 Durch die Taue

Ziel
- Zielgenaues Werfen

Anzahl
- Paarweise

Material
- 1 Scheibe pro Paar

Aufgabe

Riege: Zwischen zwei Werfergruppen werden die Taue, die in der Turnhallendecke verankert sind, gezogen. Aufgabe ist es, sich die Scheibe so zuzupassen, dass kein Tau berührt wird.

Kommentar

Kann auch als Wettkampf organisiert werden: Welches Team schafft die meisten Pässe innerhalb einer vorgegebenen Zeit?

2.2 Frisbee-Swing

Ziel
- Zielgenaues Werfen
- Timing

Anzahl
- 5–8 pro Anlage

Material
- Ringe
- Klebeband
- Scheiben

Aufgabe

Die Turnringe werden auf ca. 1,80 m heruntergelassen, und ein Gymnastikreifen wird mit Klebeband an den beiden Holzringen befestigt. Das Pendel kann dann in Schwingung versetzt werden, und die Übenden versuchen, aus ca. 5 m Entfernung durch das bewegliche Ziel zu werfen.

Kommentar

Diese Übung ist auch als Wettkampf denkbar: Zwei Gruppen müssen versuchen, möglichst viele Würfe durch den Reifen zu erzielen (Zeitlimit bei 3–5 Minuten).

2.3 Fuß um Fuß

- Richtungsgenaues Werfen **Ziel**
- Sicheres Fangen

- 2–30 Übende **Anzahl**

(pro Werferpaar) **Material**
- 1 Scheibe
- Evtl. Pylonen

Riege oder Gassenaufstellung: Zwei Werfer stehen sich im Abstand **Aufgabe** von ca. 5 m gegenüber und passen sich die Scheibe zu. Nach jedem erfolgreichen Fang tritt der Fänger eine Fußlänge zurück. Geht die Scheibe fehl, geht der Werfer eine Fußlänge nach vorn.

Bei Anfängern sollten die seitlichen Abstände zwischen den Werfer- **Kommentar** paaren möglichst groß gehalten werden, damit niemand von einer ungenau geworfenen Scheibe getroffen wird.
Um die Werfer zu einem genaueren Pass zu zwingen, können Boden-markierungen eingesetzt werden (ein Gymnastikreifen/Pylone für jeden Spieler).

2.4 Kurvenlauf

- Genaues Werfen **Ziel**
- Sicheres Fangen
- Dem eigenen Pass nachlaufen

- Pro Gruppe 5–6 Übende **Anzahl**

(pro Gruppe) **Material**
- 1 Scheibe
- 1 Langbank

Zwei Riegen stehen sich im Abstand von ca. 4–5 m gegenüber und pas- **Aufgabe** sen sich die Scheibe zu. Zwischen den beiden Gruppen steht eine quer gestellte Langbank (alternativ: zwei Pylonen). Aufgabe der Werfer ist es, dem eigenen Pass hinterherzulaufen und sich hinten in die andere Gruppe einzureihen. Dabei führt der Laufweg um die Bank herum.

Skizze

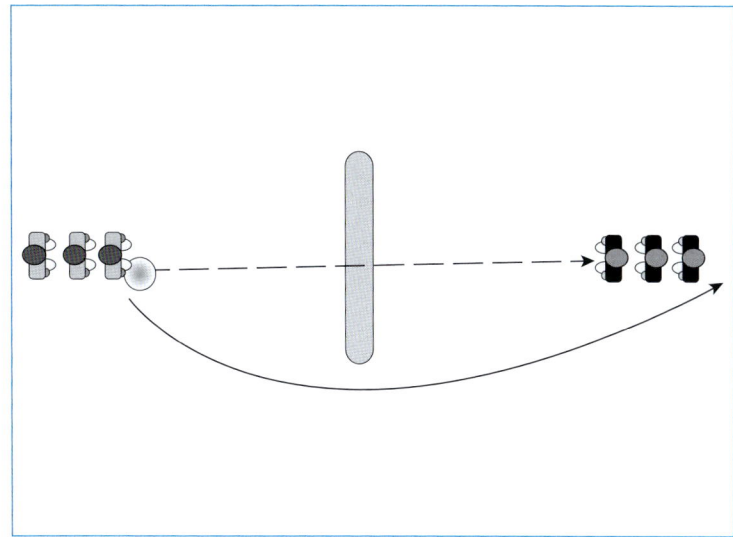

Kommentar   Das Umlaufen der quer gestellten Langbank soll verhindern, dass die ihrem Pass nachlaufenden Werfer von der entgegenkommenden Scheibe getroffen werden.

2.5   Ab in die Mitte

Ziel
- Sicheres Passen
- Umstellen von Laufen auf Passen

Anzahl
- 8–30 Übende

Material
- 1 Scheibe

Aufgabe   Alle Spieler laufen in einem großen Kreis um zwei Spieler (A und B) herum, die sich eine Scheibe zupassen. Auf Kommando müssen zwei andere Spieler (C und D) diesen Platz einnehmen, ohne dass das Passen eingestellt wird und die Scheibe zu Boden fällt.

Kommentar   Ist genug Platz vorhanden, können zwei oder mehr Spielerpaare im Innenkreis postiert werden (dann werden mehr Scheiben benötigt!). Außerdem empfiehlt es sich, die Laufrichtung sowie die Laufformen immer wieder zu wechseln.

2.6   Sichere Bank

- Genaues Werfen   **Ziel**
- Sicheres Fangen
- Distanz einschätzen

- 10–30 Übende   **Anzahl**

- 1 Scheibe pro Paar   **Material**
- Mind. 4 Langbänke

Die Spieler haben die Aufgabe, sich paarweise die Scheibe zuzuwer-   **Aufgabe**
fen. Dabei stehen sie auf Langbänken, die in V-Form aufgestellt sind.
Nach und nach wandern die Werferpaare nach außen und überwinden
eine immer größere Distanz. Welches Team schafft es, die Strecke mit
möglichst wenigen Absteigern von den Langbänken zurückzulegen?

Anstelle der Langbänke können auch Seile oder andere Markierungen   **Kommentar**
in V-Form ausgelegt werden.

2.7   Lauf' und Fang'

- Gezieltes Werfen   **Ziel**
- Sicheres Fangen aus der Bewegung

- Paarweise   **Anzahl**

- 1 Scheibe pro Paar   **Material**

Ein Fänger steht ca. 5–10 m vom Werfer entfernt und versucht die   **Aufgabe**
Scheibe zu fangen, die vom Werfer über ihn weit nach vorne geworfen
wird. Dabei sollte der Werfer darauf achten, die Scheibe so zu werfen,
dass der Fänger auch eine realistische Chance hat.

Nach ein paar Versuchen sollte der Werfer in der Lage sein, einzuschät-   **Kommentar**
zen, wie weit er die Scheibe nach vorne werfen kann, damit der Fänger
sie noch erreicht.

Wettkampf: Jedes Team markiert die größte Distanz.

2.8   Scheibenstapeln

Ziel
- Zielgenaues Passen
- Ruhiges Fangen

Anzahl
- Paarweise

Material
- Pro Paar mind. 6 Scheiben

Aufgabe

Zwei Spieler stehen sich im Abstand von 5–10 m gegenüber. Der Werfer hat mehrere Scheiben zur Verfügung, die er nach und nach zum Fänger wirft. Der Fänger hat die Aufgabe, die Scheiben nach dem Fangen auf dem Kopf zu stapeln, ohne diese festzuhalten. Wer schafft 6 Scheiben?

Kommentar

Diese Aufgabe (Kunststück) gelingt dann eher, wenn verschieden große Scheiben zur Verfügung stehen. Außerdem kommt es auf einen gut abgestimmten Pass und einen sicheren, auch einhändigen Fang an. Eignet sich gut für einen Stationsbetrieb.

2.9   Frisbee-Jonglage

Ziel
- Sicheres Werfen und Fangen

Anzahl
- Paarweise

Material
- Pro Paar 3–4 Scheiben

Aufgabe

Zwei Spieler stehen sich gegenüber. Ein Spieler hat in jeder Hand eine Scheibe, der andere in der rechten nur eine. Gleichzeitig werfen sie sich die Scheibe mit der rechten Hand zu und fangen die Scheibe vom Partner mit der linken Hand. Das funktioniert, wenn vorher die Scheibe, die von der linken Hand gehalten wurde, in die rechte Hand übergeben wird. Wenn die beiden ihren Rhythmus gefunden haben, ähnelt dieses Scheibenkunststück tatsächlich einer Jonglage.

Variante

Jonglieren mit 4 Scheiben

Kommentar

Zuerst sollte das Fangen mit einer Hand und vor allem mit der linken Hand geübt werden. Schwierigkeiten bereitet manchmal auch das gleichzeitige Zupassen der Scheiben (hier hilft ein gemeinsames Kommando).

2.10 Pass-Stress

- Passen und Fangen üben **Ziel**

- Paarweise **Anzahl**

- 1 Scheibe pro Paar **Material**

Gassenaufstellung: Zwei Werfer stehen sich im Abstand von 5–10 m **Aufgabe** gegenüber und passen sich die Scheibe zu. Dabei sollen sie folgende Zusatzaufgaben lösen:
- 20 x passen, ohne dass die Scheibe auf den Boden fällt
- Je 5 Fänge mit einer Hand
- Einen Trickfang (z. B. hinter dem Rücken)

Diese Übung ist beliebig ausbaubar und so gedacht, dass die Übenden **Kommentar** sich selbst kontrollieren, indem sie die von ihnen geschafften Aufgaben auf einem Arbeitsblatt abstreichen.

2.11 Achterlauf

- Passen und dabei die Laufwege einhalten **Ziel**

- 3 pro Gruppe **Anzahl**

- 1 Scheibe pro Gruppe **Material**

Drei Spieler (A/B/C) stehen auf einer Höhe mit ca. 3 m seitlichem **Aufgabe** Abstand und laufen langsam geradeaus. Spieler B hat die Scheibe, passt zu A und kreuzt hinter A, dessen Platz er einnimmt. A wirft zu C und kreuzt hinter C usw.

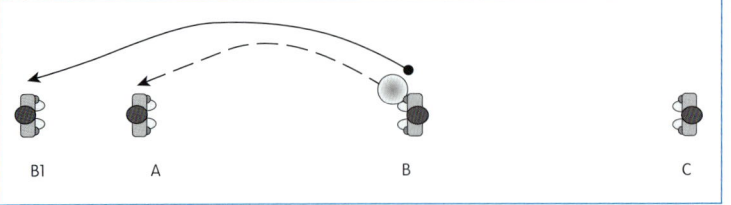

Skizze

Für diese Übung braucht man Platz. In der Turnhalle kann es deshalb **Kommentar** zu eng werden.

2.12 Passen im Seitgalopp

Ziel
• Passen und Fangen in der Laufbewegung

Anzahl
• 10–30 Übende

Material
• Pro Gruppe 1 Scheibe

Aufgabe
Die Gruppe steht im Innenstirnkreis und bewegt sich im Seitgalopp. Aufgabe ist es – je nach Gruppengröße – eine oder zwei Scheiben zu passen. Vor dem Pass ruft der Werfer kurz den Namen des Fängers. Beim Werfen und Fangen sollte niemand stehen bleiben.

Kommentar
Das Tempo im Seitgalopp sollte nicht zu hoch sein, weil sonst ein präzises Werfen und Fangen zu schwer wird.

2.13 Mit Hand und Fuß

Ziel
• Passen und Fangen mit Zusatzaufgaben

Anzahl
• Paarweise

Material
• Pro Paar 1 Ball und 1 Scheibe

Aufgabe
Die Übenden passen sich die Scheibe in Gassenaufstellung zu. Gleichzeitig sollen sie noch einen Ball mit dem Fuß hin- und herspielen.

Kommentar
Es ist empfehlenswert, verschiedene Bälle zum Einsatz zu bringen, um die koordinativen Ansprüche zu erhöhen (z. B. Fußbälle, Tennisbälle, Pezzibälle, Gymnastikbälle, Softbälle etc.).

2.14 Timing

Ziel
• Variables Passen und Fangen

Anzahl
• Paarweise

Material
• 1 Scheibe pro Paar

Zwei Spieler stehen sich im Abstand von 5–10 m gegenüber und pas- **Aufgabe**
sen sich die Scheibe zu. Nach jedem Pass gilt es, Zusatzaufgaben zu
erledigen:
- Berühren einer Linie
- Eine 360°-Drehung
- Ein Sit-up …

Beim Erfinden von Zusatzaufgaben sind dem Erfindungsreichtum **Kommentar**
keine Grenzen gesetzt – vielleicht haben auch die Übenden selbst noch
gute Ideen.

2.15 Versetzte Gasse

- Variables Passen **Ziel**

- Ca. 8 pro Gruppe **Anzahl**

- 1 Scheibe pro Gruppe **Material**

Jede Gruppe besteht aus ca. 8 Spielern. Es gibt einen Werfer und sie- **Aufgabe**
ben Fänger. Der Werfer hat einen festen Abwurfplatz. Die Fänger stehen in einem Abstand von 5–10 m in einer versetzten Gasse. Aufgabe
des Werfers ist es, die Fänger der Reihe nach und möglichst genau
anzuspielen, so dass die Fänger ihren Platz nicht verlassen müssen. Die
Fänger werfen die Scheibe wieder zurück. Nach jedem Durchgang
werden die Positionen gewechselt.

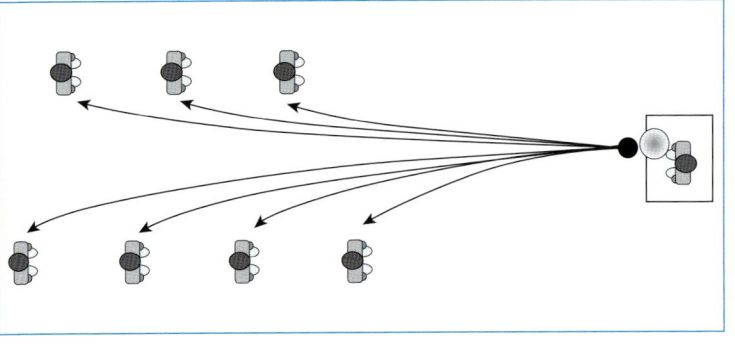

Skizze

Bei dieser Übung sind auch Kurvenwürfe gefragt. Als Wettkampf orga- **Kommentar**
nisiert, gilt es, möglichst schnell und ohne Fehler die Scheibe durch die
versetzte Gasse zu passen.

2.16 Sechs

Ziel
- Komplexübung zum Passen und Laufen

Anzahl
- Mindestens 12 Übende pro Aufstellung

Material
- Pro Gruppe 1 Scheibe

Aufgabe

Mit Pylonen werden sechs Punkte markiert und jeder Punkt ist doppelt besetzt (vgl. Skizze). Aufgabe ist es, die Scheibe zum jeweils rechts stehenden Mitspieler zu werfen und einen anderen Laufweg als den Passweg einzuschlagen: Werfer A passt zum rechts stehenden Mitspieler B und läuft diagonal durchs Feld und stellt sich an der gegenüberliegenden Ecke hinter den dort stehenden „D" an. Die in der Mitte der Längsseite stehenden B passen die Scheiben ebenfalls nach rechts weiter, laufen jedoch gerade durch das Feld und stellen sich auf der anderen Seite „E" hinten wieder an.

Skizze

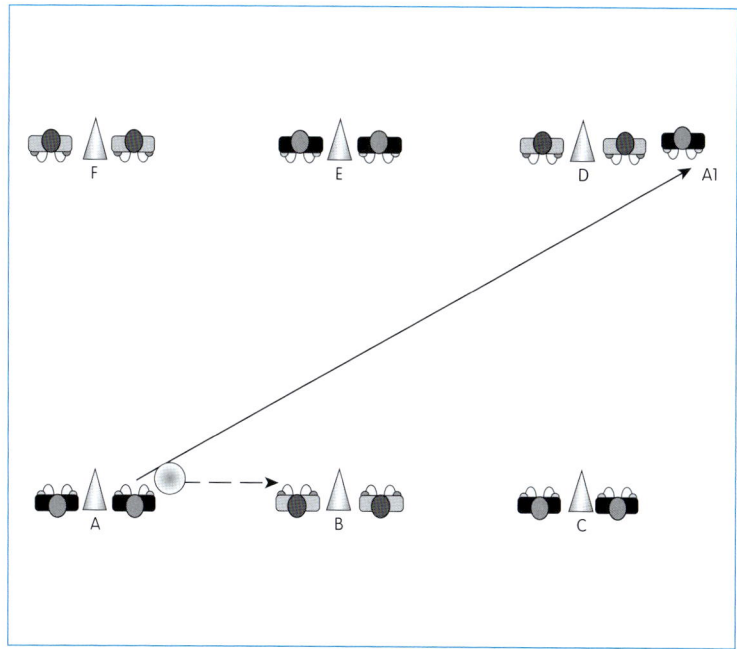

Kommentar

Diese Übung erst dann durchführen, wenn die Gruppe einigermaßen wurfsicher ist. Die Komplexität kann erhöht werden, wenn mit zwei Scheiben gespielt wird.

2.17　Namen rufen

- Reaktionsfähigkeit
- Fangsicherheit

Ziel

- 2–4 pro Gruppe

Anzahl

- 1 Scheibe pro Gruppe

Material

Fächeraufstellung: Ein Werfer steht im Abstand von 5–8 m vor einer **Aufgabe**
Fängergruppe. Die Fänger stehen mit dem Rücken zum Werfer und
dürfen sich erst dann zum Fang umdrehen, wenn der Werfer ihren
Namen ruft. Nach sechs Würfen werden die Positionen getauscht. Als
seitlicher Abstand sollten mindestens 1–2 m eingehalten werden.

Diese Übung erfordert ein schnelles Reagieren der Fänger und einen **Kommentar**
Werfer, der keine harten oder schwierigen Pässe spielt. Pässe auf
Gesichtshöhe sind verboten. Je nach Zeitpunkt des Namenrufens hat
der Fänger viel oder wenig Zeit, um die Scheibe sicher zu fangen.

2.18　Kurvenwürfe

- Kurvenwürfe lernen

Ziel

- 8–10 pro Gruppe

Anzahl

- 1 Scheibe pro Gruppe
- 1 Weichboden
- 1 Barren

Material

Skizze

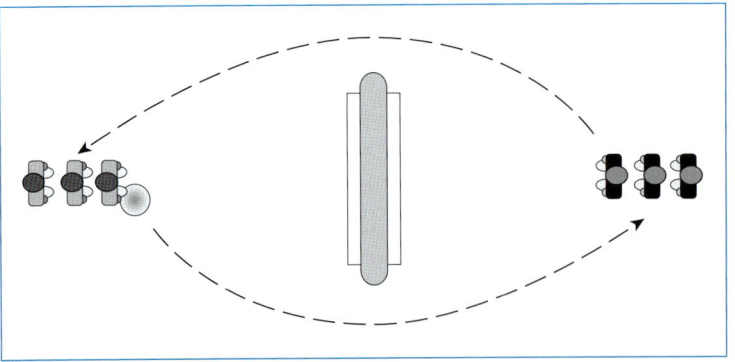

Aufgabe

Aufstellung in der Riege: Zwei Spielergruppen (je 4–5 Spieler) stehen sich gegenüber und versuchen Kurvenwürfe um eine hochkant aufgestellte Weichbodenmatte (oder einen Baum etc.) zu werfen. Dabei werfen sie einmal links und einmal rechts um die Matte herum. Die Matte kann in einen Barren oder zwischen zwei große Kästen gestellt werden.

Kommentar

Kurvenwürfe gehören zu den Trickwürfen, die sich gut lernen lassen, wenn das Grundprinzip, das seitliche Anstellen der Scheibe verstanden worden ist.

2.19 Stuntman

Ziel
- Akrobatisches Fangen

Anzahl
- Paarweise

Material
- Weichbodenmatten
- Frisbeescheiben
- Evtl. Minitrampoline

Aufgabe

Ein Fänger und ein Werfer bilden ein Team. Der Fänger hat die Aufgabe, mit Anlauf auf eine Weichbodenmatte zu springen und dabei die vom Werfer geworfene Scheibe zu fangen. Der Werfer steht dazu in einem 90°-Winkel zum Fänger. Bei erfolgreichem Fang erfolgt ein Rollentausch.

Kommentar

Mit einem Trampolinabsprung kann die Flugzeit verlängert werden (keine Salti!).

2.20 Drei Frisbees

Ziel
- Kooperatives Problemlösen

Anzahl
- 10–12 pro Gruppe

Material
- Pro Gruppe 3 Scheiben

Aufgabe

Die Gruppe steht im Innenstirnkreis mit jeweils 2 m seitlichem Abstand. Ihre Aufgabe besteht darin, drei Frisbees (deutlich unterschiedliche Farben) so innerhalb der Gruppe zu spielen, dass

- alle Spieler jede Scheibe einmal gefangen haben,
- kein Spieler eine Scheibe zweimal geworfen oder gefangen hat und
- kein Spieler gleichzeitig im Besitz von zwei Scheiben ist.

Um den Problemlösungsdruck zu erhöhen, sollte der Gruppe eine **Kommentar**
Lösungszeit vorgegeben werden, innerhalb derer die erforderlichen
Pässe zu werfen sind.

20 Wettkämpfe mit der Frisbeescheibe

Kapitel

3

3   20 Wettkämpfe mit der Frisbeescheibe

Bei den folgenden Wettkämpfen treten zwei oder mehr Mannschaften gegeneinander an, um die Wettkampfaufgabe zu lösen. Da erfahrungsgemäß die technische Ausführung in Wettkampfsituationen leidet und sich dadurch leicht falsche Bewegungsmuster einschleifen können, sollte in den Wettkämpfen mit der Frisbeescheibe auch nur das zur Wette anstehen, was vorher ausreichend geübt worden ist.

Im Gegensatz zu den Spielen lassen die Wettkämpfe den Teilnehmern zudem weniger individuellen Spielraum für ihr Handeln. Das bedeutet, dass die Wettkampfregeln möglichst klar formuliert und ein Einhalten der Regeln entweder von den Wettkämpfenden selbst (Fairplay) oder von einer neutralen Partei sichergestellt wird. Um zu verhindern, dass schwächere Werfer(innen) und Fänger(innen) als „Sündenböcke" herhalten müssen und ihnen allein die Schuld für eine Niederlage gegeben wird, haben wir verschiedene Wettkämpfe kreiert, bei denen auch Glück und Zufall (z. B. Frisbee-Bingo) über den Wettkampfausgang entscheiden. Nicht berücksichtigt haben wir aus diesem Grund jene Wettkampfformen, mit denen im Fall einer Niederlage ein Ausscheiden der Mannschaft verbunden ist.

Wichtig ist, die Wettkämpfenden an der Gestaltung und Organisation des Wettkampfes zu beteiligen. Z. B. können nach einem Wettkampf neue Variationen erfunden werden, um eine weitere, spannende Wettkampfsituation zu schaffen. Bei den im Pendelstaffelprinzip organisierten Wettkämpfen hat es sich als günstig erwiesen, wenn die Zurücklaufenden einmal um ihre Mannschaft herumlaufen und dann den nächsten Starter per Handschlag ins Rennen schicken.

3.1   Frisbee-Bingo

- Teams bestimmen
- Strecke festlegen
- Bingoplan und Bingokarten

Organisation

6–8 pro Team

Wettkämpfer

(pro Team)
- 1 Scheibe

Material

- 1 Reifen
- 1 kleiner Kasten
- 1 Turnmatte
- 1 Bingoplan
- 1 Satz Bingokarten
- 1 Bleistift
- Evtl. Klebeband

Idee

Mindestens zwei Teams spielen gegeneinander und versuchen, abwechselnd von einem vorgegebenen Abwurfpunkt aus in einen kleinen Kasten oder auf eine Turnmatte zu werfen. Gelingt ein Treffer, darf sich der jeweilige Werfer eine Bingokarte (auf der Karte steht eine Zahl zwischen 1–36) holen, die verdeckt neben dem Ziel liegt. Gewonnen hat das Team, das zuerst eine senkrechte oder waagerechte oder diagonale Reihe auf dem Bingoplan „voll" hat.

Nach einem Startzeichen läuft der jeweils erste Spieler zum Abwurfpunkt (Reifen, in dem eine Scheibe liegt), nimmt die Scheibe auf, steht mit beiden Füßen im Reifen und wirft damit in einen etwa 5–8 m entfernt stehenden, umgedrehten kleinen Kasten. (Den Kasten möglichst vor einer Hallenwand postieren, um auch indirekte Treffer zu ermöglichen. Damit die Scheiben beim Wandanprall nicht leiden, empfiehlt es sich, eine Turnmatte zwischen Kasten und Wand zu stellen.) Trifft der Werfer, darf er sich eine Bingokarte aus dem Kasten nehmen. Die Scheibe muss er wieder zurück in den Reifen (Abwurfpunkt) legen und dann zurück zur Startlinie laufen. Dort schlägt er den nächsten Starter frei und streicht selbst (!) die von ihm gezogene Bingozahl vom Bingoplan ab. Verfehlt ein Werfer das Ziel, darf er sich keine Bingokarte nehmen, muss in jedem Fall die Scheibe selbst in den Ring zurücklegen und dann den nächsten Starter freischlagen.

Kommentar

Je wurfsicherer die Spieler sind, desto schneller gelingt es, eine Reihe auf dem Bingoplan zu füllen. Aber Wurfsicherheit allein reicht nicht, denn es gehört auch eine Portion Glück dazu.

Auf die korrekte Einhaltung der Regeln ist besonders zu achten:

- Der Werfer muss mit beiden Füßen im Ring stehen!
- Die Scheibe muss vom Werfer beim Rückweg in den Ring gelegt werden!
- Nur bei einem Treffer darf eine Bingokarte gezogen werden!
- Der erfolgreiche Werfer muss selbst seine Zahl vom Bingoplan abstreichen!

3.2 Mattenfrisbee

- Kleingruppen bilden
- Matten auslegen
- Startlinie markieren
- Abwurfmarkierung

Organisation

6–8 pro Kleingruppe

Wettkämpfer

(pro Gruppe)
- 1 Matte
- 1 Scheibe
- Evtl. Markierungen

Material

Die Mannschaften nehmen an der Startlinie Aufstellung und nach dem **Idee** Startkommando läuft der Erste mit einer Scheibe bis zu einer Markierung (z. B. Pylone) und versucht, von dort eine ca. 3–4 m entfernte Turnmatte zu treffen. Ein Punkt wird erzielt, wenn die Scheibe auf der Matte liegen bleibt. Nach dem Wurf holt sich der Werfer die Scheibe schnell wieder, läuft zurück zu seiner Mannschaft und übergibt die Scheibe dem nächsten Werfer. Gewonnen hat die Mannschaft, die innerhalb einer vorgegebenen Zeit die meisten Treffer oder zuerst 10 Treffer erzielt.

Skizze

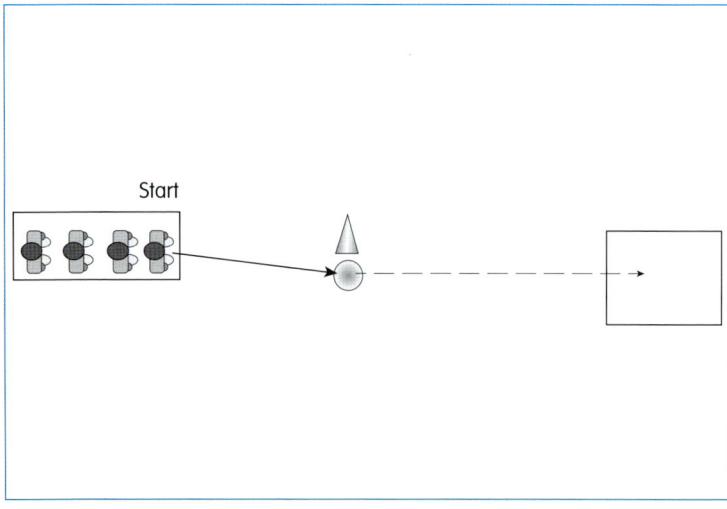

Um die Trefferchancen zu erhöhen, können zwei Turnmatten zusam- **Kommentar** mengelegt werden.

3.3 Speed-Team

Organisation
- Teams bilden
- Markierungen anbringen

Wettkämpfer

2–4 pro Team

Material

(pro Wettkampf)
- 1 Scheibe
- Markierungen
- 2 Gymnastikreifen
- Evtl. Klebeband

Idee

Zwei Mannschaften spielen gegeneinander, wobei jede Mannschaft aus 2–4 Spielern besteht. Die Mannschaften stehen sich in einem Abstand von 5–10 m gegenüber und passen sich die Scheibe zu. Die Spieler stehen in einer Reihe hintereinander: Werfer und Fänger stehen in einem Gymnastikreifen. Nach dem Wurf muss der Werfer um eine Markierung laufen und sich in seiner Reihe hinten anstellen. Welche Mannschaft kann die andere in Bedrängnis bringen?

Kommentar

Um Streitigkeiten vorzubeugen, müssen die jeweiligen Wurf- und auch die Fangsektoren kenntlich gemacht werden.

3.4 Fänger auf der Insel

Organisation
- Mannschaften bilden
- Bodenmarkierungen
- Matten zurechtlegen

Wettkämpfer

4–8 pro Mannschaft

Material
- 1 Scheibe pro Mannschaft
- 1 Gymnastikreifen pro Team
- 1 Turnmatte o. Ä.
- Evtl. Bodenmarkierungen

Idee

Mindestens zwei Mannschaften spielen gegeneinander. Jede Mannschaft hat einen Fänger, der ca. 5–10 m von einem Abwurfpunkt entfernt vor seiner Gruppe postiert wird. Der Fänger steht auf einer Turnmatte, die er nur mit einem Fuß verlassen darf. Sein Ziel ist es, Würfe seiner Mitspieler zu fangen. Jeder reguläre Fang zählt einen Punkt. Gewonnen hat die Mannschaft, die zuerst 20 Punkte erzielt hat.

Nach einem Startzeichen läuft der jeweils Erste aus der Mannschaft von der Startlinie zu einer Abwurfmarkierung (Pylone oder Reifen). Dort nimmt er die Scheibe auf und wirft diese dem Fänger zu. Fängt der Fänger, bekommt die Mannschaft einen Punkt gutgeschrieben und Fänger und Werfer tauschen ihre Rolle. Der ehemalige Fänger nimmt die Scheibe mit zurück zur Startlinie und übergibt sie dort dem nächsten Werfer. Geht ein Wurf fehl, muss der Werfer die Scheibe selbst holen und diese dann zum Abwurfpunkt zurückbringen, bevor er den nächsten Spieler frei schlägt.

Skizze

Abb. 26: Inselfrisbee

Wird dieser Wettkampf mit vielen Mannschaften gespielt, müssen **Kommentar** diese ihre Punkte selbst zählen. Bei schwächeren Werfern sollte der Abstand zum Fänger nicht zu groß sein. Bei guten Werfern kann der Abstand zum Fänger vergrößert, den Fängern ein einhändiger Fang oder eine bestimmte Wurftechnik (z.B. Däumling) vorschrieben werden. Schwerer wird es auch, wenn der Fänger auf der Matte sitzt und zum Fang weder aufstehen noch die Matte verlassen darf.

3.5 Doppeldecker

Organisation
- Wurfdistanzen festlegen
- Scheiben auswählen
- Mannschaften bilden

Wettkämpfer   2–4 pro Mannschaft

Material   (pro Wettkampf)
- 2 Scheiben, die ineinandergelegt werden können
- Evtl. Abwurfmarkierungen

Idee   Ein neutraler Werfer wirft einen „Doppeldecker" (zwei unterschiedlich große Scheiben werden dazu ineinandergelegt) zu zwei Fängermannschaften, die aus je 2–4 Spielern bestehen. Diese stehen in einem Abstand von 10–20 m zum Werfer und versuchen, beide Scheiben zu fangen. Körperkontakt ist verboten. Gewonnen hat die Mannschaft, die bei einem Durchgang beide Scheiben fangen kann. Diese Mannschaft stellt dann den nächsten Werfer.

Kommentar   Als Vorübung kann das Fangen von zwei kurz hintereinander geworfenen Scheiben geübt werden.

3.6 Passkönig

Organisation
- Gruppen bilden

Wettkämpfer   5–8 pro Mannschaft

Material   (pro Mannschaft)
- 1 Scheibe

Idee   Eine Mannschaft besteht aus einem Werfer und einer Gruppe von Fängern. Der Werfer steht in einem Abstand von 3–10 m vor der Gruppe (Fächeraufstellung) und wirft die Scheibe zum ersten Fänger. Dieser fängt die Scheibe und wirft sie sofort zurück. Danach läuft er zu einem Mal, bevor er sich hinten in seiner Gruppe anstellt. Gewonnen hat die Mannschaft, die innerhalb von zwei Minuten die meisten Pässe gespielt oder die zuerst 30 Pässe geworfen hat.

Kommentar   Nach einem Durchgang wird die Werferposition neu besetzt, so dass alle Spieler einmal in die Rolle des Werfers kommen.

3.7   Wirf' genau!

- Mannschaften bilden
- Bänke aufstellen
- Evtl. Mittelkreis markieren
- Scheiben zuordnen

4–8 pro Mannschaft

(pro Mannschaft)
- 1 Scheibe (unterschiedliche Farben)
- 1 Langbank pro Team
- Mittelkreismarkierung (z.B. 4 Pylonen)

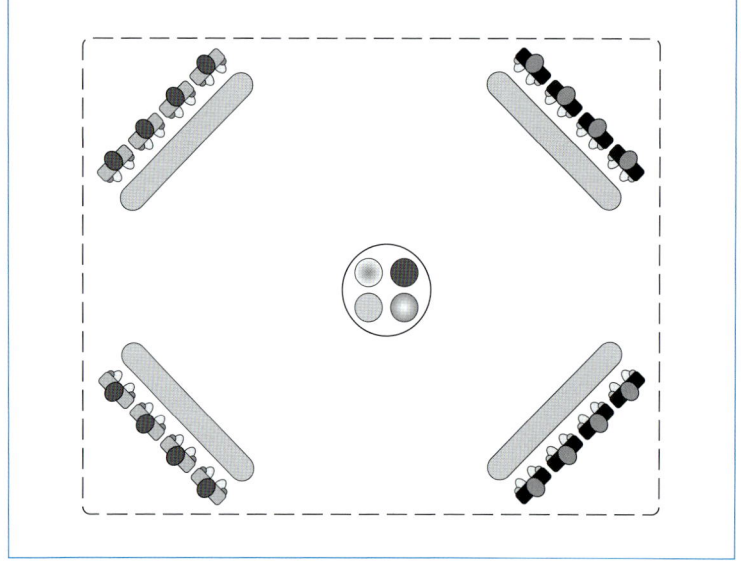

Vier oder mehr Mannschaften treten gegeneinander an. Jede Mann- **Idee**
schaft besteht aus 4–8 Spielern und besitzt eine Scheibe, die in einem
Mittelkreis liegt. (Die Scheiben sollten unterschieden werden können). Der Mittelkreis ist gleich weit von allen Langbänken entfernt,
die jeweils z.B. schräg in die Ecken der Turnhalle gestellt werden.
Zu Beginn des Wettkampfes stehen alle Spieler jeder Mannschaft auf
ihrer Langbank. Auf Kommando läuft der jeweils links außen stehende Spieler als erster zum Mittelkreis, nimmt sich die Scheibe seiner Mannschaft und wirft sie von dort zu seinen Mitspielern auf der
Langbank. Wird die Scheibe von ihnen gefangen, darf der nächste

Spieler, der links außen steht, mit der Scheibe zum Mittelkreis laufen, und der erste Werfer stellt sich rechts außen mit auf die Langbank. Wird die Scheibe aber nicht gefangen, müssen alle Spieler (auch der Werfer) eine Strafrunde um die Bank laufen. (Die Bank darf somit nicht ganz an der Wand stehen!) Und danach muss der Werfer seinen Wurf wiederholen, bis die Scheibe gefangen wird. Gewonnen hat die Mannschaft, die zuerst alle Spieler einmal in der Werferposition hatte.

Kommentar

Eine gewisse Wurf- und Fangsicherheit sollte vorhanden sein. Je nach Leistungsvermögen können die Langbänke näher oder weiter entfernt zum Mittelkreis aufgestellt werden. Ein einhändiges Fangen auf der Langbank macht den Wettkampf schwieriger. Man kann auch die Regel einführen, dass der Werfer jeweils drei erfolgreiche Pässe werfen muss, bevor er wieder auf die Langbank zurück darf.

3.8 Passmaster

Organisation
- Teams bilden
- Wurfdistanzen festlegen

Wettkämpfer

4–30

Material

(pro Team)
- 1 Scheibe
- Stoppuhr

Idee

Zwei Werfer stehen sich im Abstand von 4–10 m gegenüber und passen sich die Scheibe zu. Gewonnen hat das Team, das
- in 2 Minuten die meisten Pässe schafft
  - a) mit der starken Hand
  - b) mit der schwachen Hand

- in 2 Minuten die meisten Einhandfänge schafft
  - a) mit der starken Fanghand
  - b) mit der schwachen Fanghand

- in 1 Minute die meisten Vorhand- oder Rückhandwürfe schafft …

Kommentar

Dieser Wettkampf lässt sich gut hinter eine Übungssequenz schalten, in der das einfache Werfen und Fangen zum Partner geübt worden ist.

3.9   Diving-Board-Freestyle

• Schwimmbad	**Organisation**

4–20   **Wettkämpfer**

Startblock   **Material**
• 1-m-Brett
• Verschiedene Scheiben

Es gilt, die vom Partner geworfene Scheibe im Sprung bzw. Flug vom **Idee** Startblock oder 1-m-Brett zu fangen und dabei möglichst spektakuläre Sprünge zu erfinden.

Solche Fänge lassen sich in der Turnhalle auf Weichbodenmatten reali- **Kommentar** sieren (vgl. die Übung 19 „Stuntman"). Um zu einer Bewertung der Sprünge zu kommen, müssen vorab entsprechende Bewertungskriterien festgelegt werden.

3.10 Verteilerfrisbee

• Mannschaften bilden   **Organisation**
• Markierungen anbringen

10–30   **Wettkämpfer**

• Markierungen   **Material**
• Pro Mannschaft 1 Scheibe

Mehrere Mannschaften spielen gegeneinander: Ein Werfer steht vor **Idee** seiner Gruppe an einer Markierung und wirft die Scheibe der Reihe nach von Spieler zu Spieler. Fällt die Scheibe dabei zu Boden, muss sie vom Werfer geholt und der Wurf wiederholt werden. Ist die Scheibe vom letzten Spieler (A5) zurückgepasst worden, wechselt der Werfer in die Reihe und ein anderer Spieler (A2) wird zum Werfer.

Aufstellung im Innenstirnkreis: Der Werfer steht in der Kreismitte und **Variation** passt die Scheibe im Uhrzeigersinn von Spieler zu Spieler. Ist die Scheibe einmal in der Runde gekreist, ist der nächste Spieler dran und wechselt mit dem Werfer die Position. Gewonnen hat die Mannschaft, bei der zuerst alle Spieler einmal in der Kreismitte gestanden haben.

Skizze

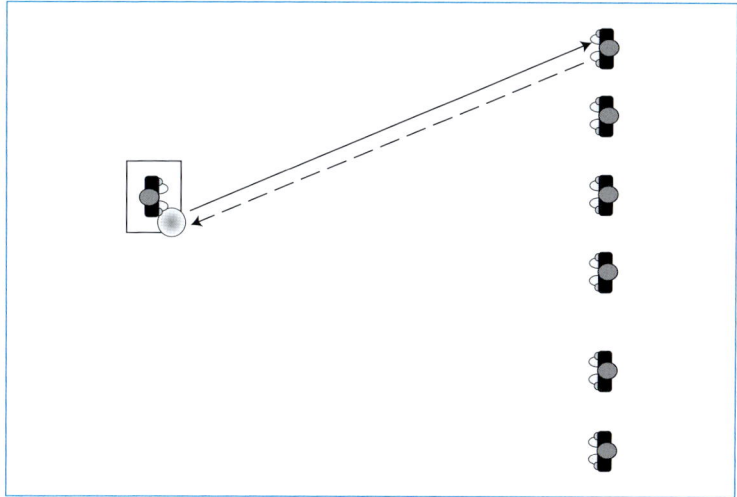

Kommentar

Dieser Wettkampf ist eine leichtere Variante des Langbankwettkampfes und lässt sich einfacher organisieren. Der Abstand zwischen Werfer und Fängergruppe sollte nicht zu groß gewählt werden, damit Fehlwürfe möglichst selten sind.

Um erfolgreiche Pässe für die Konkurrenz sichtbar zu machen, setzen sich die Spieler nach einem erfolgreichen Pass hin.

3.11 Oben drüber – unten durch

Organisation

- Volleyballnetz oder 2 Leinen spannen
- Markierungen anbringen
- Mannschaften bilden

Wettkämpfer

10–30

Material

(pro Mannschaft)
- 1 Scheibe
- Markierungen
- Volleyballnetz oder 2 Leinen

Idee

Eine Mannschaft besteht aus zwei Gruppen, die sich in einer Reihe hintereinander jeweils an den Angriffslinien des Volleyballfeldes gegenüber stehen (bei Geübten kann auch ein größerer Abstand gewählt werden). Aufgabe ist es, dass sich die vorn Stehenden die Scheibe möglichst schnell und ohne Fehler zupassen. Dabei muss die Scheibe einmal über das Volleyballnetz (Netzhöhe ca. 1,5 m) geworfen werden und einmal unten durch (bei Geübten kann neben dem beidhändigen Fang auch der einhändige Fang gefordert werden: z. B. den Pass über das Netz einhändig, den Pass unter dem Netz beidhändig fangen). Für jeden erfolgreichen Pass gibt es einen Punkt. Fällt die Scheibe zu Boden, gibt es einen Punkt Abzug. Nach dem Hin- und Rückpass stellen sich die Spieler an das Ende der eigenen Gruppe. Gewonnen hat die Mannschaft, die zuerst 30 Punkte erzielt hat.

Es können auch zwei Leinen gespannt werden. Allerdings ist es dann **Kommentar** nicht so einfach zu erkennen, ob die Pässe regelgerecht geworfen werden. Der organisatorische Aufwand des Netzaufbaus lohnt sich, wenn weitere Spiele oder Wettkämpfe damit verbunden werden.

3.12 Frisbee-Box

- Mannschaften bilden
- Markierungen anbringen
- Ziele aufstellen

Organisation

5–7 pro Team

Wettkämpfer

- 5 Bananenkisten
- Pro Team 1 Scheibe

Material

Es werden 5 Bananenkisten in der Mitte des Spielfeldes aufgestellt **Idee** (vgl. Skizze). Im Pendelstaffelverfahren werfen die Spieler auf das Ziel. Ein Treffer in die eigene Box zählt 2 Punkte. Ein Treffer in die neutrale, mittlere Box zählt 1 Punkt. Ein Treffer in eine Box einer gegnerischen Mannschaft bedeutet 2 Punkte Abzug.

Jeder Werfer bringt seine Scheibe zur Gruppe zurück und übergibt sie an den nächsten Werfer. Wer hat nach 5 min die meisten Punkte?

- Die Wertigkeit der Treffer oder fehlgegangener Würfe variieren. **Variation**
- Beim Zurücklaufen zur Gruppe eine Zusatzaufgabe erfüllen (z. B. die Scheibe auf dem Kopf transportieren).

Skizze

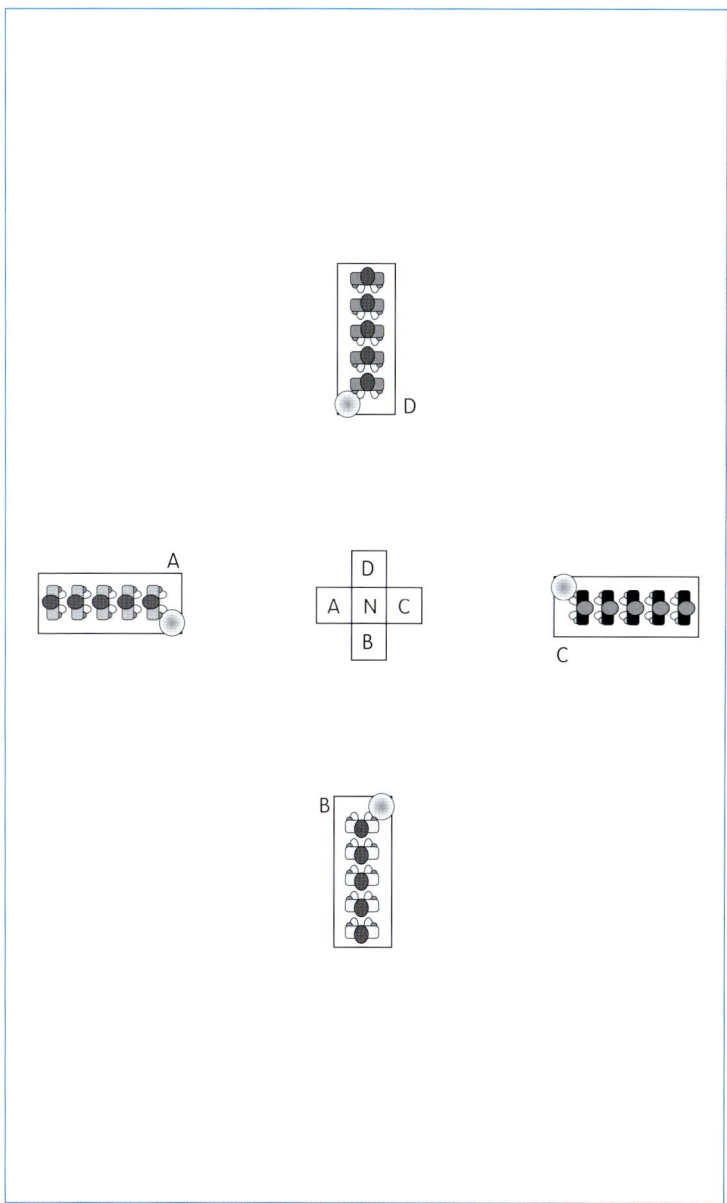

Kommentar   Durch einen Wurf in die falsche Box kann sich bis kurz vor Ablauf der Spielzeit das Ergebnis ändern. Jede Gruppe zählt ihre Punkte selbst. Fairplay!

3.13 Speed

- Mannschaften bilden
- Markierungen anbringen
- Matten o. Ä. auslegen

Organisation

4–8 pro Mannschaft

Wettkämpfer

- Markierungen
(pro Mannschaft)
- 1 Matte oder Langbank
- 1–2 Scheiben

Material

Mehrere Mannschaften kämpfen gegeneinander, indem sie versuchen, möglichst schnell eine Runde um einen Parcours mit der Scheibe zu absolvieren. Mit der Scheibe darf nicht gelaufen werden. Jeder Spieler einer Mannschaft muss die Scheibe mindestens einmal geworfen und gefangen haben. Gewonnen hat die Mannschaft, die ihre Runde am schnellsten zurückgelegt hat.

Idee

Jeder Mannschaft wird zunächst ein Startpunkt zugewiesen (eine Langbank oder eine Matte etc.). Nach dem Startsignal versuchen alle Mannschaften so schnell wie möglich den mit vier Pylonen markierten Rundparcours zu absolvieren, ohne dass sie dabei durch das innere Feld werfen oder laufen. Die Mannschaften dürfen sich dabei nicht behindern. Fällt eine Scheibe zu Boden, muss die jeweilige Mannschaft zurück zum Ausgangspunkt und erneut beginnen.

Damit sich die Laufwege und Passwege der Mannschaften nicht kreuzen, ist es wichtig, eine Laufrichtung im Parcours für alle verbindlich festzulegen. Um die Aufgabe zu erschweren, muss jede Mannschaft zwei Scheiben mitnehmen.

Kommentar

3.14 Shooting

- Kästen und Pylonen aufstellen
- Evtl. Markierung anbringen

Organisation

5–8 pro Mannschaft

Wettkämpfer

(pro Mannschaft)
- 1 Scheibe

Material

- 1 Pylone
- 1 Kasten
- Ggf. Markierungen

Idee

Zwei oder mehr Mannschaften kämpfen gegeneinander: Die Mannschaften nehmen Aufstellung an der Grundlinie. Nach dem Startkommando laufen die Spieler im Pendelstaffelverfahren abwechselnd bis zur Mittellinie. Dort liegt eine Frisbeescheibe in einem Gymnastikring (o. Ä.), mit der eine Pylone umgeschossen werden soll, die auf einem Kasten in 5–8 m Entfernung steht (Der Kasten sollte wiederum in einem Abstand von 1–2 m zur Wand stehen). Der Werfer muss mit beiden Füßen im Ring stehen und holt nach dem Wurf seine Scheibe, stellt ggf. die Pylone auf und legt die Scheibe zurück in den Ring. Anschließend läuft er zurück und schlägt den nächsten Werfer aus seiner Mannschaft frei. Ein Treffer bedeutet einen Punkt. Gewonnen hat die Mannschaft, die zuerst 10 Treffer erzielt hat.

Kommentar

Um einen fairen Wechsel sicherzustellen und ein ungestümes Zurücklaufen der Werfer zu verhindern, sollte der zurückkommende Werfer einmal um seine Gruppe herumlaufen und dann den an erster Stelle stehenden Mitspieler per Handschlag losschicken.

3.15 Schießstand

Organisation

- Zielfläche anzeichnen
- Markierungen anbringen

Wettkämpfer

8–30

Material

- Kreide
- Weichboden
- Markierungen
- Pylone
- 1 Scheibe pro Team

Idee

Eine Weichbodenmatte dient als Zielscheibe und wird mittels Kreide in vier etwa gleich große Vierecke unterteilt. Jedes Viereck wird jeweils mit einer Zahl versehen: 1, 3, 4, 6. Aufgabe der Mannschaften ist es, von einer bestimmten Markierung aus diese Vierecke zu treffen. Die getroffene Zahl wird von einer vorgegebenen Zahl abgezogen (z.B. 31). Gewonnen hat die Mannschaft, die zuerst genau auf null ist!

Die Mannschaften stellen sich an der Grundlinie auf und die Spieler laufen im Pendelstaffelprinzip zur Wurfmarkierung. Jeder Werfer holt seine Scheibe wieder und übergibt sie dem nächsten Spieler.

Weil es für einen Schiedsrichter schwierig ist, jeden Treffer zu beob- **Kommentar** achten, muss man an den Fairplay-Gedanken appellieren. Außerdem empfiehlt es sich, einen Weichboden pro Mannschaft als Zielscheibe zu verwenden.

3.16 Alles Banane

- Mannschaften bilden   **Organisation**
- Spielfelder markieren

12–30   **Wettkämpfer**

(pro Mannschaft)   **Material**
- 1 Scheibe
- 1 Bananenkiste
- 1 Reifen
- Evtl. Klebeband

Es werden drei Mannschaften gebildet, die sich in einer Riege mit **Idee** einem seitlichen Abstand von ca. 3–4 m an der Grundlinie aufstellen. Die einzelnen Wettkämpfer stehen hintereinander. Jede Gruppe hat einen Fänger, der in den Händen eine Bananenkiste hält. Seine Aufgabe ist es, die von seinen Mitspielern geworfenen Scheiben mit der Bananenkiste aufzufangen. Dabei steht er auf einer Turnmatte, die er nicht verlassen darf.
Im Pendelstaffelprinzip läuft jeweils der Erste aus der Gruppe zur Scheibe, die in einem Gymnastikring bereitliegt. Von dort wirft er die Scheibe zum Fänger. Verfehlt der Werfer sein Ziel, holt er die Scheibe schnell zurück und legt sie in den Ring, bevor er dann den nächsten Werfer aus seiner Gruppe freischlägt. Gewonnen hat die Mannschaft, die zuerst 10 Fänge schafft.

Bei Fehlwürfen kann der Scheibentransport zurück zur Gruppe **Kommentar** erschwert werden (z.B. Rückwärtslaufen, auf einem Bein hüpfen etc.). Ebenso kann der Fänger nach jedem erfolgreichen Fang durch den jeweiligen Werfer ausgetauscht werden.

3.17 Wettwanderfrisbee

Organisation
- Mannschaften bilden
- Evtl. Markierungen anbringen

Wettkämpfer   16–32

Material   (pro Mannschaft)
- 1 oder mehr Scheibe(n)
- Evtl. Bodenmarkierungen

Idee   Mannschaften zu je 8–10 Spielern stellen sich jeweils in einer versetzten Gasse mit einem Abstand von 3–8 m auf. Aufgabe ist es, die Scheibe durch die Gasse zu passen. Ein Durchgang besteht aus dem Hin- und Rückweg der Scheibe durch die Gasse. Gewonnen hat die Mannschaft, die zuerst drei Durchgänge für sich entscheiden konnte.

Skizze

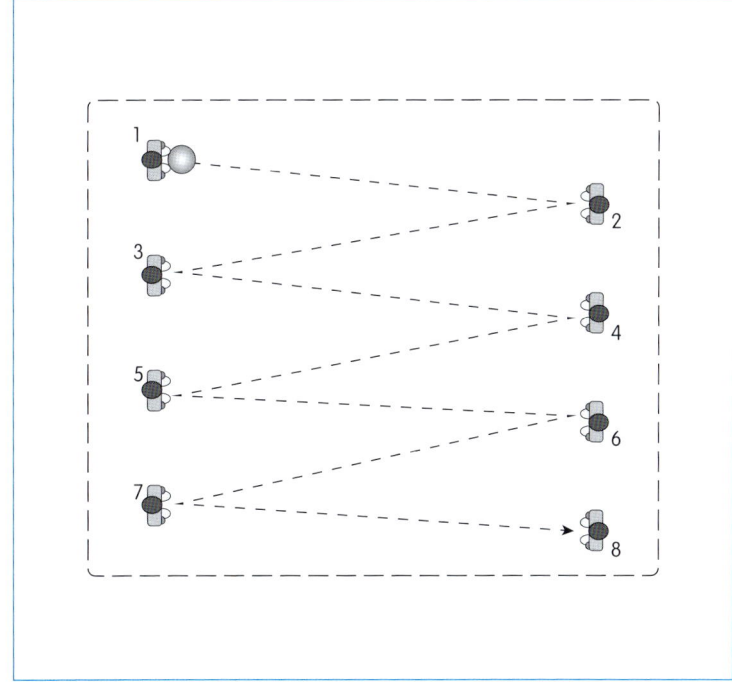

Kommentar   Es können mehrere Scheiben pro Mannschaft genommen werden!

3.18 Frisbee-Pendel

- Mannschaften bilden
- Wurfdistanz festlegen
- Evtl. Markierungen anbringen

Organisation

6–30

Wettkämpfer

(pro Mannschaft)
- 1 Scheibe
- Evtl. Bodenmarkierungen

Material

Ein Wettkampfteam besteht aus drei Spielern (A, B, C), die sich im **Idee** Abstand von 5–10 m gegenüberstehen. Dabei stehen C und A hintereinander und B allein. A hat die Scheibe, passt zu B und stellt sich hinter B an. B fängt die Scheibe, passt zu C und stellt sich hinter C an usw. Nur für einen erfolgreichen, gefangenen Wurf gibt es einen Punkt. Geht ein Wurf fehl, muss der Werfer die Scheibe holen. Gewonnen hat das Team, das in 4 Minuten die meisten Punkte erzielt hat.

Ein einfach zu organisierender Wettkampf, der mit mehr Spielern **Kommentar** innerhalb einer Gruppe gespielt werden kann. Bei drei Spielern ist die Bewegungsintensität am höchsten und es gibt kaum Wartezeiten. Mögliche Erschwerungen ergeben sich z. B. durch koordinative Zusatzaufgaben: rückwärts laufen, Drehung um 360° usw.

3.19 Torwand

- Torwand einrichten
- Abwurfstelle markieren
- Gruppen bestimmen

Organisation

8–10 Werfer pro Torwand

Wettkämpfer

(pro Tor)
- 2 Reifen
- 5 Scheiben

Material

Idee	In ein Handball- oder Fußballtor werden zwei Gymnastikreifen gehängt. Man kann auch ein großes Tuch mit zwei Torlöchern (links oben, rechts unten) aufspannen. Jeder Spieler hat pro Torloch fünf Wurfversuche. Gewonnen hat der Werfer oder die Mannschaft mit den meisten Treffern.
Variation	• Gewonnen hat die Gruppe, die zuerst 10 Treffer erzielt. • Gewonnen hat der Werfer, der in 5 Minuten die meisten Treffer erzielt hat.
Kommentar	Dieser Wettkampf ist wenig bewegungsintensiv und sollte deshalb mit anderen Aufgaben oder Stationen kombiniert werden.

3.20 „Mauerln"

Organisation	• Kleingruppen bilden • Abwurflinie markieren
Wettkämpfer	Ca. 6 pro Gruppe
Material	(pro Kleingruppe) • 1 Scheibe • Maßband
Idee	Von einer Abwurflinie gilt es, möglichst nah an eine Wand heranzuwerfen. Wer mit seiner Scheibe die Mauer berührt, scheidet für diesen Durchgang aus. Haben alle Spieler geworfen, wird der Abstand zwischen den Scheiben und der Wand verglichen. Gewonnen hat der Werfer, dessen Scheibe am nächsten an der Mauer liegt.
Kommentar	Will man einen Gruppensieger ermitteln, hat derjenige gewonnen, der zum fünften Mal Erster geworden ist. Abschließend können diese Gruppensieger ihren Meister ermitteln.

50 Spiele mit der Frisbeescheibe

Kapitel

4

4 50 Spiele mit der Frisbeescheibe

Die folgenden Spiele sind in der Regel für Gruppen bis zu 30 und mehr Teilnehmern geeignet. Die Spiele können in der Turnhalle (Einfachhalle, Hallendrittel) oder im Freien angeboten werden und sind sowohl für Anfänger als auch für Fortgeschrittene gedacht. Erforderlich sind einfache Grundfertigkeiten des Werfens (Rückhandwurf) und Fangens (beidhändig). Die Regelstruktur der Spiele ist einfach gehalten und beruht oftmals auf drei Regeln (Ausnahmen werden deutlich angezeigt):

1) Das Laufen mit der Scheibe in der Hand ist verboten (wie Basketball).
2) Mit der Scheibe in der Hand ist nur ein Sternschritt erlaubt (wie Basketball).
3) Körperkontakt ist zu vermeiden (es sollte eine Armlänge Abstand zum scheibenführenden Spieler eingehalten werden!).

Wo uns eine Spielbeschreibung für das Spielverständnis nicht ausreicht, haben wir eine Skizze beigefügt, die z. B. die Aufstellung der Mannschaften oder die unterschiedlichen Laufwege verdeutlicht. Je nach Spielgruppe kann es dienlich sein, Spielregeln zu ändern. Einige Variationen stellen wir vor.

Für den schnellen Überblick haben wir verschiedene Kriterien gewählt: z. B. Angaben zum Material, zur Anzahl der Spieler oder zur Anzahl und Beschaffenheit der Scheiben. Geht es um das Abtreffen anderer Spieler, empfehlen wir generell Scheiben aus weichem Material, wie Schaumstoff- oder Weichgummischeiben. Weiterhin finden sich Angaben zum jeweiligen Schwierigkeitsgrad des Spiels, die sich auf die erforderlichen Fertigkeiten im Fangen und Werfen und Anforderungen der Spieltaktik beziehen. Hier unterscheiden wir drei Levels:

I   = geringe Anforderungen (z. B. ohne Fangen)
II = mittlere Anforderungen (Werfen, Fangen, Laufen)
III = erhöhte Anforderungen (Varianten)

An diesen Levels orientiert sich die Reihenfolge der Spiele, wobei einzelne Spielvarianten die technischen und taktischen Anforderungen deutlich steigern können.

4.1   Ab durch die Mitte

Spielort   Halle

Spieler   Mindestens 15 Spieler

Materialien   • 1–2 weiche Scheiben

Schwierigkeit   Stufe I

Spielidee   2 Mannschaften versuchen, eine dritte Mannschaft möglichst oft abzutreffen.

Durchführung   In einem Spielfeld werden 3 gleich große Felder markiert (z. B. Volleyballfeld: 6 m – 6 m – 6 m). Darin stehen die Mannschaften A und B
und in der Mitte die Mannschaft C. Mannschaft A und B spielen
zusammen und versuchen innerhalb von 5 Minuten die Spieler aus der
Mannschaft C zu treffen. Die getroffenen Spieler bleiben in ihrem
Feld. Ein gefangener Wurf zählt nicht als Treffer (bzw. kann sogar
einen Treffer annullieren). Die Treffer werden gezählt. Nach 3 Minuten
wechselt Mannschaft A in die Mitte und nach weiteren 3 Minuten
Mannschaft B. Gewonnen hat die Mannschaft, die in der Mitte am
wenigsten getroffen wurde.

Skizze

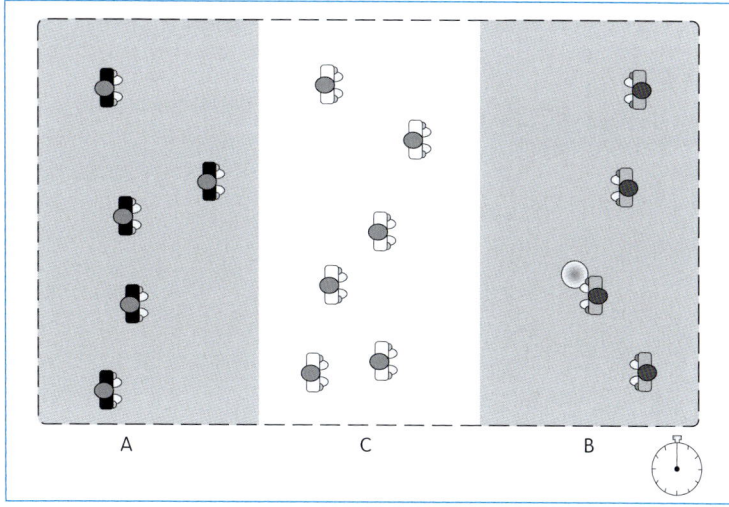

Kommentar   Neben sicherem Fangen ist bei der Mannschaft, die in der Mitte steht,
auch Kondition gefragt. Denn es gilt, der Scheibe auszuweichen und sich
möglichst weit entfernt vom scheibenführenden Spieler zu postieren.

4.2   Bananenkartonfrisbee

Halle/Freifläche   **Spielort**

30 Spieler   **Spieler**

- 6–10 Scheiben   **Materialien**
- Bananenkartons

Stufe I   **Schwierigkeit**

Es gilt, möglichst schnell in die aufgestellten Bananenkartons zu treffen.   **Spielidee**

2 Mannschaften spielen gegeneinander und versuchen von der Grund-   **Durchführung**
linie aus, in vorab postierte Bananenkartons zu werfen (Entfernung je
nach Wurfstärke wählen). Trifft eine Scheibe, darf der betreffende
Karton umgedreht werden (daraus ergibt sich eine optische Kontroll-
möglichkeit für den Schiedsrichter und die Spieler). Gewonnen hat die
Mannschaft, die in die meisten Kartons hineingeworfen hat. Jede
Mannschaft hat dazu drei oder mehr Scheiben zur Verfügung. Wenn
alle Scheiben geworfen wurden, können sie zurückgeholt werden.

Erforderlich sind hier nicht nur Glück und Zufall, sondern von Vorteil   **Kommentar**
sind eine ruhige Hand und eine gute Kondition. Gerade jüngere Gruppen spielen hier begeistert mit.

4.3   Frisbee-Biathlon

Halle   **Spielort**

Mindestens 10 Spieler   **Spieler**

(pro Gruppe)   **Materialien**
- 2 Teppichfliesen
- 5 Holzkegel
- 1 Scheibe

Stufe I   **Schwierigkeit**

Auf 2 Teppichfliesen zum Wurf-Schießstand gelangen und dann auf   **Spielidee**
Holzkegel werfen.

Durchführung	Die Gruppe wird je nach Größe in 2–4 Teams (je 5–8 Spieler) aufgeteilt. Von der Startlinie bewegen sich die ersten Spieler mit je einem Fuß auf einer umgedrehten Teppichfliese in Langlaufmanier zum Schießstand (ca. 5 m Abstand zu den Zielen).
	Dort angekommen wird liegend eine Scheibe auf Holzkegel geworfen (5 Stück). Nach dem Wurf ist die Scheibe in Langlaufmanier zum Nächsten in der Gruppe zurückzutransportieren. Gewonnen hat die Mannschaft, die als erstes alle Kegel umgeworfen hat.
Kommentar	Ein Wettspiel, das noch näher am Original Biathlon gespielt werden kann, wenn auch im Liegen geworfen wird und Wurffehler mit Strafrunden „bestraft" werden.

4.4   Frisbee-Boule

Spielort	Freifläche/Halle
Spieler	3–6 Spieler pro Team
Materialien	• 1–2 Scheibe(n) pro Spieler • 1 markierte Zielscheibe
Schwierigkeit	Stufe I
Spielidee	Möglichst nah an einen Gegenstand heranwerfen.
Durchführung	Ziel von Frisbee-Boule ist es, möglichst nah an ein vorher festgelegtes Ziel heranzuwerfen. In Gruppen von 3–6 Spielern erhält jeder Spieler möglichst 2 Scheiben. Die Wurfreihenfolge wird vorab bestimmt.
	Der erste Werfer wirft eine markierte Scheibe (= Zielscheibe) an einen beliebigen Ort, der aber für alle Werfer in erreichbarer Entfernung liegen muss.
	Dann werfen alle Spieler ihre Scheibe(n) möglichst nah an die Zielscheibe heran. Der Spieler, der das Ziel vorgegeben hat, wirft zuletzt. Der Spieler mit der geringsten Distanz zum Ziel erhält einen Punkt und bei Berührung der Zielscheibe 2 Punkte. Dann wirft er die Zielscheibe. Gewonnen hat der Spieler, der zuerst 5 Punkte erzielt hat.
Kommentar	Dieses Spiel kann gut im Park oder im Wald gespielt werden. Hindernisse erhöhen den Reiz der Aufgabe.

4.5   Frisbeequartett

Freifläche/Halle   **Spielort**

Max. 30 Spieler   **Spieler**

* 3–6 Scheiben   **Materialien**
* 18–30 Holzkegel o. Ä.
* Spielkarten

Stufe I   **Schwierigkeit**

2–4 Mannschaften spielen gegeneinander. Ziel ist es, Pylonen zu tref- **Spielidee**
fen, unter denen Spielkarten versteckt sind.

Die Mannschaften laufen im Pendelstaffelverfahren mit jeweils einer **Durchführung**
Scheibe zur Wurflinie und versuchen, einen Holzkegel zu treffen. Fällt
der getroffene Holzkegel um, darf die Spielkarte umgedreht werden.
Ist dies eine der gesuchten Karten (z. B. Mannschaft A sucht Damen,
Mannschaft B sucht Könige etc.), darf diese mitgenommen werden.
Jeder Spieler stellt den Kegel ggf. wieder auf, trägt die Scheibe zurück
und übergibt sie an den nächsten Spieler.

Ein spannendes Spiel, bei dem man nicht nur zielgenau werfen, son- **Kommentar**
dern sich auch die Fehlwürfe merken muss, um zu gewinnen. Um die
Scheibenübergabe möglichst fair zu gestalten, empfiehlt es sich, den
Läufer auf dem Rückweg um die Gruppe zu schicken und dann erst die
Scheibe an den Nächsten abzugeben.

4.6   Frisbee-Score

Freifläche/Halle   **Spielort**

4 Spieler pro Team   **Spieler**

(pro Team)   **Materialien**
* 2 Scheiben
* Gymnastikreifen

Stufe I   **Schwierigkeit**

Zielwerfen im Team   **Spielidee**

Durchführung

Auf einem Feld werden mehrere Gymnastikreifen ausgelegt. Je weiter ein Reifen vom Anwurfpunkt entfernt ist, desto höher ist die Punktzahl bei einem Treffer. Aufgabe der Spieler ist es, innerhalb von 5 Minuten eine möglichst hohe Punktzahl zu erreichen. Der Werfer bringt die Scheibe zum jeweiligen Abwurfpunkt zurück.

In der Halle der gleiche Ablauf, doch werden dann die Reifen von den Mitspielern in verschiedenen Entfernungen hochgehalten, weil die Scheiben sonst aus den Reifen rutschen.

Variation

Die Teams müssen von einem Ausgangswert von 20 Punkten genau auf null werfen. Welcher Mannschaft gelingt dies zuerst?

Kommentar

Zielsicheres Werfen im Team ist hier das Erfolgsrezept. Die Teamwertung verhindert, dass einzelne Werfer zu „Sündenböcken" werden.

4.7 Königsfrisbee

Spielort

Halle/Freifläche

Spieler

10–15 Spieler pro Kreis

Materialien

(pro Kreis)
• 1 Softscheibe

Schwierigkeit

Stufe I

Spielidee

Die Spieler im Kreis versuchen, an den Abwehrspielern vorbei den König zu treffen.

Skizze

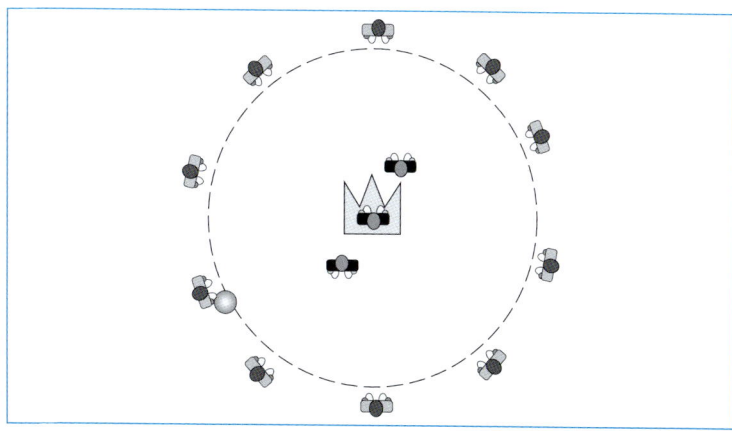

Aufstellung im Innenstirnkreis. Im Kreis befinden sich 2 Abwehrspie- **Durchführung**
ler und ein König. Die Abwehrspieler versuchen zu verhindern, dass
der König von den Würfen der Außenstehenden getroffen wird. Der
König darf den Scheiben ausweichen, muss aber mit den Füßen am
Platz stehen bleiben. Können die Abwehrspieler eine Scheibe fangen
oder fällt die Scheibe zu Boden, wird weitergespielt. Die Spieldauer
wird auf 2–3 Minuten festgelegt.

Um den König zu treffen, müssen sich die Außenstehenden verständi- **Kommentar**
gen und die Scheibe präzise passen.

Abb. 27: Königsfrisbee

4.8 Schiebefrisbee auf Matten

Spielort   Halle

Spieler   6–10 Spieler pro Feld
Team

Materialien
- Matten
- 3 Scheiben
- Langbänke

Schwierigkeit   Stufe I

Spielidee   Bei diesem Spiel wird die Scheibe nicht geworfen, sondern auf dem Boden geschoben, um ein Mattentor zu erzielen.

Durchführung   Es werden mehrere Teams gebildet, die auf Kleinfeldern (in einer Turnhalle drei Kleinfelder durch Langbänke bilden) gegeneinander spielen. Die Spieler dürfen sich nur im Krebsgang bewegen. Die Scheibe darf nicht mit dem Po oder den Füßen eingeklemmt werden, der fliegende Torwart darf sich nicht vor das Tor legen. Das Tor ist eine aufgestellte Turnmatte. Gewonnen hat die Mannschaft, die im Rahmen der vereinbarten Spielzeit (2 x 3 min) die meisten Tore erzielt hat.

Kommentar   Ein sehr anstrengendes Spiel für die Rumpfmuskulatur und den Trizeps. Deshalb ist auf ausreichende Pausen zwischen den Spielen zu achten.

4.9 Schiebefrisbee im Kreis

Spielort   Halle

Spieler   Ca. 15 Spieler pro Kreis

Materialien   (pro Kreis)
- 1 Scheibe

Schwierigkeit   Stufe I

Spielidee   Die Spieler, die im Innenstirnkreis knien, haben die Aufgabe, Spieler innerhalb des Kreises mit einer geschobenen Scheibe zu treffen.

Es werden 3 Mannschaften gebildet. 2 Mannschaften knien sich in **Durchführung** einem Innenstirnkreis mit einer Armlänge Abstand zum Nachbarn um die dritte Mannschaft, die im Kreisinnern steht.

Die Scheibe darf nur geschoben werden. Aufgabe ist es, die im Kreis Stehenden zu berühren. Gewonnen hat der Spieler, der zuletzt übrig bleibt. Dann werden die Positionen getauscht und eine andere Mannschaft kommt in den Kreis. Zum Abschluss spielen alle gegen die drei Sieger den Gesamtsieger aus.

Mit 2 Scheiben spielen. **Variation**

Für die im Kreis stehenden Spieler ist dieses Spiel je nach Spieldauer **Kommentar** ziemlich anstrengend.

4.10 Schießbude

Halle/Freifläche **Spielort**

6–30 Spieler **Spieler**

• Min. 15 Scheiben **Materialien**

Stufe I **Schwierigkeit**

Mannschaftszielwerfen **Spielidee**

In der Mitte des Spielfeldes werden Pylonen, Kegel etc. postiert (am **Durchführung** besten auf eine Langbank stellen).

Die Gruppe wird in 2 gleichstarke Mannschaften geteilt, die sich jeweils an der Grundlinie aufstellen. Wenn möglich, hat jeder Spieler eine Scheibe, mit der er eine Pylone zu treffen versucht.

Gewonnen hat die Mannschaft, auf deren Seite die wenigsten Gegenstände liegen. Das Werfen sollte auf Signal des Spielleiters erfolgen. Sind alle Scheiben geworfen worden, werden sie wieder geholt.

Je nach Abstand zum Ziel kann die Aufgabe recht schwierig werden. **Kommentar** Auf jeden Fall ist die Einhaltung der Regel wichtig, dass die Scheiben erst dann geholt werden, wenn alle Scheiben geworfen worden sind.

4.11 Schuhauslösen

Spielort   Halle/Freifläche

Spieler   10–30 Spieler

Materialien   • Paarweise eine Scheibe

Schwierigkeit   Stufe I

Spielidee   Zielwurfspiel

Durchführung   Die Turnschuhe der Spieler werden mit einem Bindfaden (Schnürsenkel) z. B. an die Latte eines Fußballtores gehängt. Aufgabe der Spieler ist es, ihre Schuhe mit einem gezielten Wurf von einer Wurflinie zu treffen und auszulösen.

Kommentar   Wer seinen Schuh getroffen hat, kann seinem Partner auch helfen.

4.12 Der letzte Mann

Spielort   Halle/Freifläche

Spieler   10–15 Spieler pro Kreis

Materialien   • 1 Softscheibe

Schwierigkeit   Stufe I-II

Spielidee   Schnelles und sicheres Zupassen der Kreisspieler, die den letzten Mann der Spieler im Kreis treffen müssen.

Durchführung   Die Gruppe stellt sich in einem Innenstirnkreis auf, der so groß bemessen ist, dass die Schüler mit einer weichen Scheibe durch den Kreis werfen können. Innerhalb des Kreises stehen vier Spieler in Reihe, die sich an der Schulter oder Hüfte festhalten. Ziel der Außenstehenden ist es, den letzten Mann abzutreffen. Ziel der Innenstehenden ist es, den Würfen geschickt auszuweichen. Die Scheibe darf nicht mit den Händen abgewehrt werden. Gezielte Würfe auf den Kopf sind verboten. Gelingt es den Innenstehenden, durch geschicktes Drehen ihren letzten Mann 2 Minuten zu schützen, wechseln sie in den Außenkreis und vier neue Spieler gehen in den Kreis. Gewechselt wird nach einem erfolgreichen Treffer.

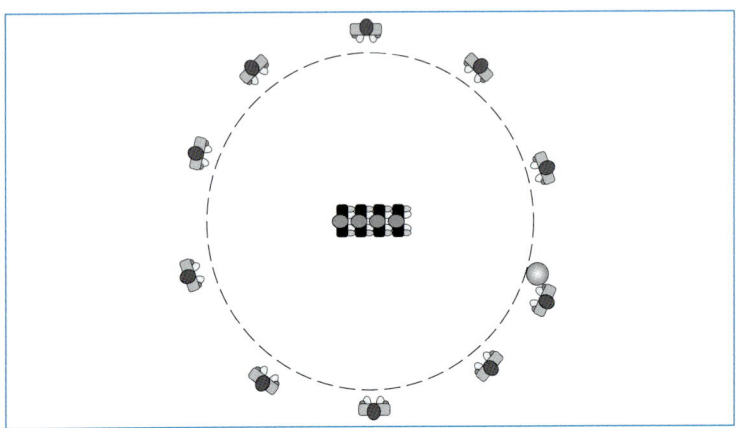

Skizze

Ein laufintensives Spiel für die Spieler im Kreis. Damit Spannung aufkommt, sind ein schnelles Passen und ein sicheres Fangen der Scheibe wichtig.

Kommentar

4.13 Die Ecke wechseln

Halle/Freifläche

Spielort

2 oder mehrere Gruppen

Spieler

(pro Gruppe)
• 1 Scheibe
• 1 Matte

Materialien

Stufe I-II

Schwierigkeit

Die Scheibe von Spieler zu Spieler werfen und dabei schnell von einer Ecke in die andere Ecke wechseln.

Spielidee

Nach einem Startsignal gilt es, möglichst schnell mit der Mannschaft von einer Ecke (Turnmatte) in die diagonal gegenüberliegende Ecke zu laufen. Die Scheibe wird von Spieler zu Spieler geworfen, denn alle

Durchführung

Spieler einer Mannschaft müssen mindestens einmal die Scheibe geworfen haben. Rückpässe zu dem Spieler, von dem man die Scheibe bekommen hat, sind nicht erlaubt. Fällt die Scheibe zu Boden, darf niemand aus der Mannschaft weiterlaufen und alle zählen laut und langsam bis fünf. Gewonnen hat die Mannschaft, die zuerst vollzählig mit der Scheibe in der anderen Ecke steht.

Variation   Mit vier Teams spielen. Jedes Team muss mehrere Scheiben transportieren.

Kommentar   Hier sind taktische Absprachen in den Gruppen wichtig und hilfreich, weil alle Spieler die Scheibe einmal werfen müssen.

4.14 Eisstock-Frisbee

Spielort   Halle

Spieler   Mindestens 6 Spieler

Materialien   • Klebeband (Zielpunkt)
                   • Scheiben (ideal wäre für jeden Spieler eine Scheibe)

Schwierigkeit Stufe I-II

Spielidee   Wie beim Eisstockschießen geht es darum, die eigene Scheibe möglichst nah am Zielpunkt zu platzieren.

Durchführung   2 Mannschaften (je 3–5 Spieler) definieren im Abstand von 5–10 m von der Startlinie einen Zielpunkt (z. B. Basketballkreise). Abwechselnd versuchen sie, ihre Scheiben möglichst nah am Zielpunkt zu platzieren. Die Scheiben der Konkurrenz dürfen berührt und so aus dem Zielbereich gespielt werden.

4.15 Frisbee-Krocket

Spielort   Freifläche

Spieler   Pro Parcours max. 10 Spieler

Materialien   • Hürden
                   • 1 Scheibe pro Spieler

Stufe I-II

Mit der Scheibe durch einen vorgegebenen Torparcours spielen.   **Spielidee**

Auf einem Spielfeld wird mit Hürden aus der Leichtathletik ein (Rund-) **Durchführung**
Parcours aufgestellt. Dann wird die Richtung bestimmt, in der die
Scheibe unter den Hürden hindurchgeworfen werden muss. Aufgabe
ist es, nach einem erfolgreichen Anwurf (Treffen eines Mals) den Parcours zu bewältigen. Es wird abwechselnd und der Reihe nach geworfen. Nach dem Durchwerfen einer Hürde darf man noch einmal werfen. Gewonnen hat der Spieler, der den Parcours zuerst bewältigt und
das Abschlussmal mit seiner Scheibe trifft.

* Nach Absprache kann die Scheibe auch gerollt werden.   **Variationen**
* Als Mannschaftswettkampf: Gewonnen hat die Mannschaft, die
  zuerst drei Scheiben am Abschlussmal hat.

Abb. 28: Frisbee-Krocket

Ein wenig laufintensives, aber spannendes Spiel, bei dem es auf ein **Kommentar**
kluges Werfen ankommt.

4.16 Frisbee-Jagd

Spielort	Halle/Freifläche
Spieler	30 Spieler (mehrere Kreise) 10–16 Spieler pro Kreis
Materialien	• 2 Scheiben
Schwierigkeit	Stufe I-II
Spielidee	Eine Scheibe soll möglichst schnell durch einen Kreis wandern.
Durchführung	Es werden 2 Mannschaften (A und B) gebildet, die sich in einem gro-ßen Innenstirnkreis abwechselnd aufstellen (ABABABA...). Jede Mannschaft ist im Besitz einer Scheibe. Aufgabe ist es, die Scheibe möglichst schnell von Spieler zu Spieler wandern zu lassen. Dabei darf die gegnerische Scheibe weder berührt noch die gegnerische Mann-schaft beim Werfen und Fangen behindert werden. Gestartet wird von gegenüberliegenden Startpunkten. Gewonnen hat die Mannschaft, der es gelingt, die Scheibe der anderen Mannschaft einzuholen. Unter-schiedliche Farben der Scheiben erleichtern die Zuordnung.
Variationen	• Mit der schwachen Hand werfen. • 2 Runden spielen, wobei die erste Runde nach rechts und die zweite Runde nach links geworfen wird.
Kommentar	Das Spiel wird noch variantenreicher, wenn jeder Spieler durch einen Ruf (Joker) dafür sorgen kann, dass die Wurfrichtung gewechselt werden muss.

4.17 Frisbee-Takeshi

Spielort	Halle
Spieler	Mindestens 20 Spieler
Materialien	• 5–10 Softscheiben • Turnhalleneinrichtung
Schwierigkeit	Stufe I-II
Spielidee	Ein Abwurfspiel mit Hindernissen zum Verstecken.

Es werden 2 Teams gebildet. Ein Team versucht, über eine Hindernis-   **Durchführung**
bahn aus allen erdenklichen Aufbauten (z. B. Sprossenwände, Kästen,
Seile etc.) zu klettern. Das zweite Team versucht sie dabei mit gezielten Würfen abzutreffen (ca. 5–8 m Abstand). Ist eine Scheibe geworfen, wird sie vom Werfer geholt und darf erneut geworfen werden,
nachdem der Werfer hinter die entsprechende Markierung gelaufen ist.
Gespielt wird auf Zeit (ca. 5 min), dann wird gewechselt. Welche
Mannschaft erzielt die meisten Abwürfe?

Ein aufregendes Spiel, das einen Schiedsrichter braucht, um die Treffer   **Kommentar**
zu zählen.

4.18 Kasten-Frisbee

Halle   **Spielort**

30 Spieler   **Spieler**
8 Spieler pro Team

- 12 Scheiben   **Materialien**
- Parteibänder
- 4 Kästen

Stufe I-II   **Schwierigkeit**

Vier Mannschaften spielen gegeneinander und versuchen, ihre Schei-   **Spielidee**
ben in die Kästen der Gegner zu werfen und zu verhindern, dass ihre
Kästen mit Scheiben gefüllt werden.

Es werden vier Mannschaften gebildet und vier große Kästen ohne   **Durchführung**
Deckel aufgestellt. Jede Mannschaft bekommt einen Kasten und 3
Scheiben. Aufgabe ist es, ohne mit der Scheibe zu laufen, die Scheibe
in einen gegnerischen Kasten zu werfen. Dort bleibt sie dann bis zum
Schluss des Spieles liegen. Fällt eine Scheibe zu Boden, gehört sie dem
Gegner, der sie zuerst erreicht.
Die Verteidiger dürfen den Wurf verhindern, müssen aber zum eigenen
Kasten einen Mindestabstand von einem Meter einnehmen (z. B. mit
Matten markieren). Gewonnen hat die Mannschaft, die die wenigsten
Scheiben in ihrem Kasten hat.

Absprachen mit dem Gegner sind erlaubt. Auf den Mindestabstand   **Kommentar**
zum eigenen Kasten ist besonders zu achten.

4.19 Klatschfrisbee

Spielort   Halle/Freifläche

Spieler   10 Spieler/Kreis

Materialien   • 1 Scheibe

Schwierigkeit   Stufe I-II

Spielidee   Mit Wurffinten die Mitspieler zum Klatschen verleiten.

Durchführung   Aufstellung im Innenstirnkreis. Die Scheibe wird „kreuz und quer" von Spieler zu Spieler geworfen. Aufgabe der Spieler ist es, vor dem Fangen der Scheibe einmal in die Hände zu klatschen. Einen Minuspunkt kassiert jeder, der klatscht, ohne dass er die Scheibe fangen muss (Wurffinten sind also erlaubt). Einen Minuspunkt bekommt aber auch, wer die Scheibe fängt, vorher jedoch nicht geklatscht hat. Wer drei Minuspunkte hat, muss einmal um den Kreis laufen. (Die Spieler können sich vorab auch über mögliche Zusatzaufgaben verständigen.)

Kommentar   Hier ist Konzentration gefragt, denn drei Minuspunkte sind schnell gesammelt …

4.20 Scheibenjagd

Spielort   Halle/Freifläche

Spieler   15–30 Spieler

Materialien   • 1 Scheibe

Schwierigkeit   Stufe I-II

Spielidee   Nur Treffer der Außenmannschaft zählen. Gelingt der Innenmannschaft ein Treffer, werden die Felder getauscht.

Durchführung   In einer markierten Spielfläche stehen 2 Mannschaften (A und B). Mannschaft A besetzt die beiden äußeren Spielfelder, die schmaler als das mittlere Spielfeld von Mannschaft B sind. Die Außenmannschaft versucht, die Innenmannschaft abzuwerfen. Die Innenmannschaft versucht, in Scheibenbesitz zu kommen und einen Spieler der Außen-

mannschaft zu treffen. Hat sie einen getroffen, gibt es einen Felderwechsel. Nur die Treffer der Außenmannschaft werden gezählt.
Gewonnen hat die Mannschaft, die nach 5 Minuten die meisten Treffer
erzielt hat.

Skizze

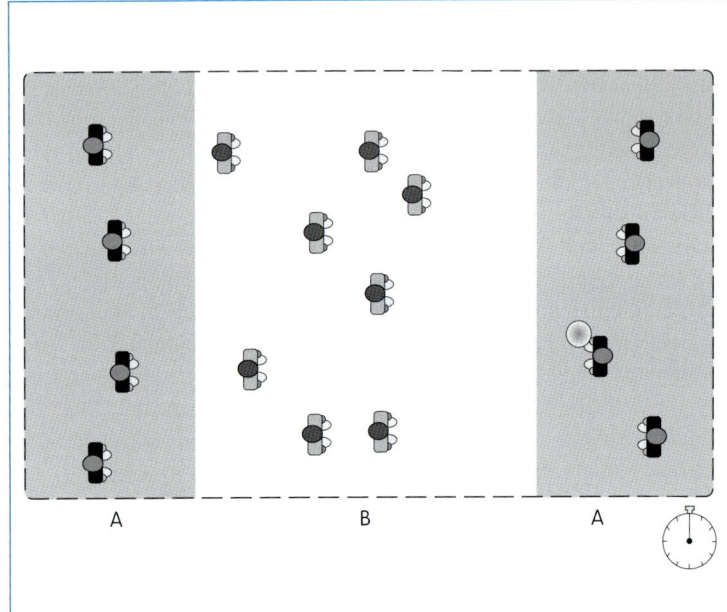

A   B   A

Das Spiel ist von Beginn an packend, weil es viele Varianten zulässt. **Kommentar**
Es kommt nicht nur auf ein gutes Werfen und Fangen an, sondern auf
die richtigen taktischen Überlegungen.

4.21 Tiger-Frisbee

Halle/Freifläche   **Spielort**

6–15 Spieler pro Gruppe   **Spieler**

(pro Gruppe)   **Materialien**
• 1 Scheibe

Stufe I-II   **Schwierigkeit**

Der im Kreis stehende Tiger muss versuchen, an die Scheibe zu kom- **Spielidee**
men.

Durchführung

Aufstellung im Innenstirnkreis, so dass zwischen zwei nebeneinander stehenden Spielern ca. 2–3 Meter Abstand sind. In der Kreismitte steht der Tiger, der die Scheibe fangen oder zu Boden schlagen muss. Es darf nicht zum passgebenden Mitspieler und zu den direkten Nachbarn gepasst werden.

Variation

Die Fänger dürfen dem Pass nur mit einem Schritt entgegengehen. Es wird mit 2 oder mehr Tigern gespielt.

Kommentar

Dieses Spiel ist für den Tiger deutlich anstrengender als für die anderen Spieler. Deshalb sollte in größeren Kreisen mit mindestens 2 Tigern gespielt werden.

4.22 Umlaufbahn

Spielort

Halle/Freifläche

Spieler

10–30 Spieler

Materialien

- 2 Scheiben mit unterschiedlichen Farben
- Evtl. Markierungen

Schwierigkeit

Stufe I-II

Spielidee

2 Mannschaften versuchen, möglichst schnell eine Scheibe von Spieler zu Spieler zu passen oder ein Ziel zu treffen.

Durchführung

Es werden 2 Mannschaften gebildet. Mannschaft A steht außen um das Spielfeld herum. Mannschaft B nimmt Aufstellung im Spielfeld. Auf ein Signal hin wirft der erste Spieler der Mannschaft A eine Scheibe weit in das Spielfeld hinein und die zweite Scheibe zu seinem rechts neben ihm stehenden Mitspieler.
Aufgabe von Mannschaft A ist es, die Scheibe möglichst schnell von Spieler zu Spieler zu passen, bis sie wieder beim ersten Spieler landet. Aufgabe von Mannschaft B ist es, die Scheibe möglichst schnell in einen kleinen umgedrehten Kasten zu werfen. Die Spieler dürfen mit der Scheibe in der Hand nicht laufen. Gelingt Mannschaft B der Wurf in den Kasten, bevor Mannschaft A ihre Scheibe dem ersten Spieler zugepasst hat, bekommt Mannschaft B einen Punkt. Ist die Scheibe von Mannschaft A aber schon wieder beim ersten Spieler angelangt, bevor Mannschaft B ihre Scheibe in den kleinen Kasten geworfen hat, bekommt Mannschaft A einen Punkt. Gewonnen hat die Mannschaft,

die zuerst so viele Punkte wie Mitspieler erzielt hat. Dann wird gewechselt. Nach jedem Punkt dreht Mannschaft A eine Position weiter.

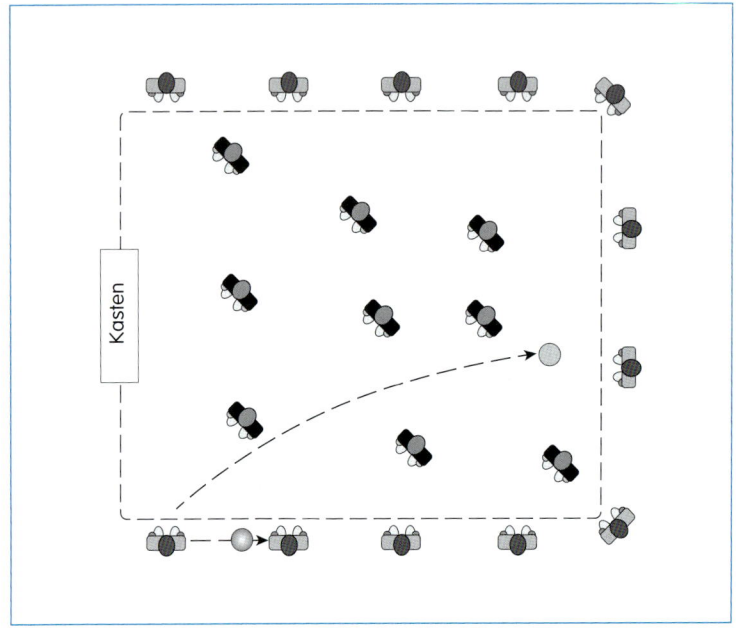

Dieses Spiel schult und verlangt ein schnelles und sicheres Passen der Scheibe. **Kommentar**

4.23 Vier-Felder-Fangen

Halle/Freifläche **Spielort**

Max. 28 Spieler **Spieler**
Ca. 4–7 Spieler pro Feld

* 1 Scheibe **Materialien**
* Markierungen (z. B. Hütchen)

Stufe I-II **Schwierigkeit**

2 Mannschaften versuchen, sich die Scheibe zuzupassen. Die anderen **Spielidee**
Mannschaften stören dabei.

Durchführung

In einem markierten Spielfeld mit vier gleichgroßen Feldern spielen die Mannschaften A und C und die Mannschaften B und D zusammen. Mannschaft C versucht, die Scheibe zur Mannschaft A zu passen. Mit der Scheibe in der Hand darf nicht gelaufen werden. Innerhalb eines Feldes darf die Mannschaft die Scheibe weiterpassen. Die Scheibe darf jedoch nicht auf den Boden fallen und nicht die Decke oder die Wand berühren (dann bekommt die gegnerische Mannschaft die Scheibe).

Ein Punkt ist erzielt, wenn ein Pass zum anderen Teil der eigenen Mannschaft durch das gegnerische Feld gelingt (z. B. von Feld A zu Feld C). Gewonnen hat die Mannschaft, die innerhalb einer vorgegebenen Zeit die meisten Punkte oder zuerst 10 Punkte erzielt hat.

Skizze

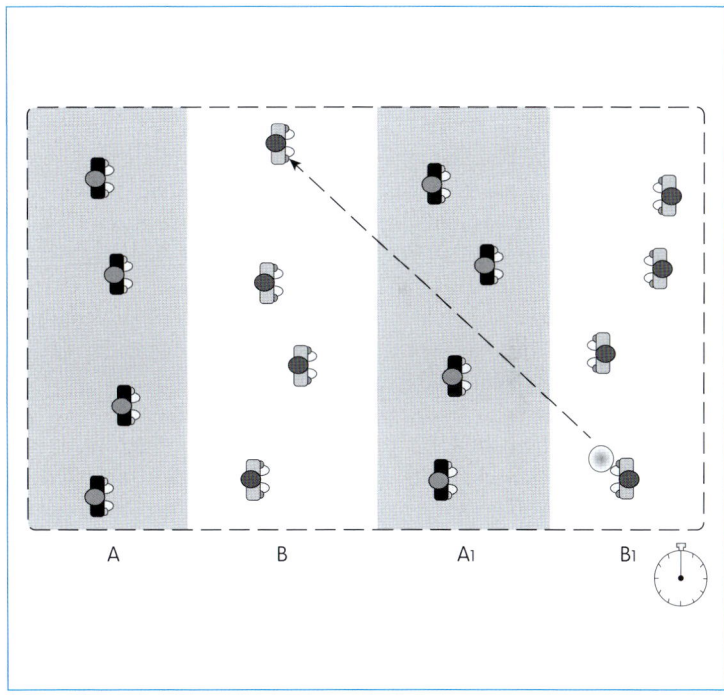

A   B   A1   B1

Variationen

- Das Feld vergrößern und mit 2 Scheiben spielen, um die taktischen Ansprüche zu erhöhen.
- In jedem Viertel darf ein „Störenfried" der jeweils gegnerischen Mannschaft das Werfen und Fangen der Scheibe erschweren.

Kommentar

In diesem nicht laufintensiven Spiel geht es um das sichere Zupassen innerhalb einer Mannschaft auf kurze Distanz und das Überwerfen störender Verteidiger. Geschult wird das sichere Fangen und Werfen.

4.24 Werfer gegen Läufer

Halle/Freifläche   **Spielort**

Mindest. 20 Spieler   **Spieler**

- 4 Pylonen   **Materialien**
- 1 Scheibe

Stufe I-II   **Schwierigkeit**

Die Werfermannschaft versucht, sich die Scheibe möglichst oft zuzu- **Spielidee**
passen, solange die Läufermannschaft läuft.

Das Spielfeld wird mit 4 Pylonen markiert. Dann werden 2 gleich-   **Durchführung**
starke Mannschaften gebildet: eine Läufermannschaft und eine Werfermannschaft. Die Werfermannschaft stellt sich in einer Zickzackreihe in
einem Abstand von ca. 5 m auf. Die Läufermannschaft versammelt
sich an einer Ecke des Spielfeldes.

Auf Kommando startet das Lauf- und Wurfduell, bei dem die Werfermannschaft so lange werfen kann, bis der letzte Läufer die Grundlinie
wieder überquert hat. Danach wird gewechselt. Gewonnen hat die
Mannschaft, der die meisten Pässe gelungen sind.

Bei kleinen Mannschaften kann alternativ nur ein Läufer gegen die   **Variante**
gesamte Werfermannschaft antreten. Läuft der Läufer seine Runde
schneller als die Werfermannschaft die Scheibe durch die Reihe passen
kann, hat er gewonnen und bekommt einen Punkt. Sind alle Läufer
gelaufen, wechselt die Aufstellung. Gewonnen hat die Mannschaft, die
nach einem Durchgang die meisten Punkte erzielt hat.

Um der Werfermannschaft nicht zu viele Enttäuschungen zuzumuten,   **Kommentar**
sollte dieses Spiel erst dann gespielt werden, wenn die Spieler einigermaßen sicher passen und fangen können.

4.25 Wilhelm Tell

Halle/Freifläche   **Spielort**

Mindestens 8 Spieler   **Spieler**

Materialien	(pro Gruppe) • 1 weiche Scheibe • Gymnastikreifen • Markierungen
Schwierigkeit	Stufe II
Spielidee	Durch die gehaltenen Reifen der Mitspieler werfen und so eine bestimmte Distanz überwinden.
Durchführung	Je nach Könnensstand postieren sich 3–5 Spieler in einem frei gewählten Abstand mit je einem Gymnastikreifen in einer Reihe. Die Reifen werden von den Spielern so gehalten, dass sich ein Tunnel ergibt, durch den geworfen werden kann. Beim Teamwettbewerb ist es Aufgabe des Werfers, durch die Reifen zu werfen. Schafft dies der Werfer, löst er den ihm am nächsten stehenden Reifenhalter ab und läuft bis ans Ende der Gasse, um sich im gleichen Abstand neu aufzustellen. Misslingt der Wurf, darf der Wurf wiederholt werden. Der Abgelöste wird neuer Werfer. Gewonnen hat das Team, das nach diesem Prinzip eine vorab festgelegte Strecke (z. B. 30 m) am schnellsten überwindet.
Kommentar	Wichtig ist es, dass die Spieler die Regel des Positionswechsels verstanden haben. Bei Anfängern sollte der Abstand zwischen den Reifenhaltern nicht größer als 1–2 m sein.

4.26 Zombie-Frisbee

Spielort	Halle/Freifläche
Spieler	30 Spieler
Materialien	• Parteibänder • 1 Scheibe • Markierungen
Schwierigkeit	Stufe I-II
Spielidee	Mit einer Scheibe einen gegnerischen Spieler treffen.
Durchführung	Es werden 2 Mannschaften gebildet und das Spielfeld festgelegt. Wer von der Scheibe getroffen wird, muss zunächst auf die gemeinsame

Insel und warten, bis der Spieler der gegnerischen Mannschaft getroffen ist, der ihn abgetroffen hat. Dann darf er wieder (als Zombie) aktiv am Spiel teilnehmen. Bei jedem Treffer darf aber nur jeweils ein Spieler wieder ins Spiel einsteigen.

Nach jedem Treffer wechselt der Scheibenbesitz. Gleiches gilt, wenn die Scheibe ihr Ziel verfehlt und zu Boden fällt. Mit der Scheibe in der Hand darf nicht gelaufen werden, deshalb passen sich die Spieler die Scheibe zu. Gewonnen hat die Mannschaft, die es schafft, die andere Mannschaft komplett auf die Insel zu schicken.

Das Spielfeld sollte nicht zu groß gewählt werden, um möglichst viele **Kommentar** schnelle Treffer zu erlauben. Die Insel kann sich ruhig mitten auf dem Spielfeld befinden.

4.27 Alaska-Frisbee

Halle/Freifläche   **Spielort**

Mindestens 10 Spieler   **Spieler**

- 1 Scheibe   **Materialien**
- Markierungen
- 1 Pylone

Stufe II   **Schwierigkeit**

Es gibt eine Feldmannschaft und eine Werfer- bzw. Laufmannschaft, **Spielidee** die gegeneinander antreten.

Es werden 2 Mannschaften gebildet. Eine Mannschaft steht an der **Durchführung** Grundlinie (z. B. Volleyballfeld). Die andere Mannschaft steht bunt verteilt im Rest des Spielfeldes. Die Mannschaft an der Grundlinie erhält die Scheibe und der Erste des Teams wirft die Scheibe ins Feld. Sobald die Scheibe fliegt, versucht die Mannschaft an der Grundlinie, um eine Pylone am Ende des Spielfeldes zu laufen.

Aufgabe der Feldmannschaft ist es, die Scheibe möglichst schnell zu fangen und dann durch die Beine der Mitspieler zu werfen, die sich an der Grundlinie aufgestellt haben. Überfliegt die Scheibe die Grundlinie, bevor alle Läufer der anderen Mannschaft die Grundlinie passiert haben, bekommt die Feldmannschaft einen Punkt. Gelingt dies nicht, bekommt die Läufermannschaft einen Punkt. Gewonnen hat die Mannschaft, die zuerst 7 Punkte erzielt hat. Die Rollen werden nach je drei Läufern gewechselt.

Abb. 29: Alaska-Frisbee

Kommentar
Eine realistische Chance hat die Läufermannschaft in der Halle nur dann, wenn die Laufdistanz verringert wird oder die Fängermannschaft eine Zusatzaufgabe erfüllen muss (z. B. alle Fänger müssen die Scheibe zunächst berühren).

4.28 Container-Frisbee

Spielort
Halle/Freifläche

Spieler
Mindestens 6 Spieler

Materialien
- 1–2 Scheiben
- Parteibänder
- kleine Kästen

Schwierigkeit
Stufe II

2 Mannschaften spielen gegeneinander und versuchen, einen außerhalb **Spielidee**
des Spielfelds stehenden Gegenstand (z. B. einen kleinen Kasten) zu
treffen.

2 Mannschaften spielen gegeneinander. Der scheibenbesitzende Spie- **Durchführung**
ler darf nicht laufen. Ziel ist es, ein am Spielfeldrand (oder außerhalb
des Spielfeldes) postiertes Ziel (z. B. Eimer, Pullover etc.) ohne vor-
hergehende Bodenberührung der Scheibe zu treffen. Bei Bodenkontakt
der Scheibe kommt die andere Mannschaft in Scheibenbesitz.

Bei größeren Gruppen mit mehreren Zielen und Scheiben spielen. **Variation**

Neben dem sicheren Werfen und Fangen werden taktische Überlegun- **Kommentar**
gen geschult, denn man muss sich freilaufen und ein Auge für Mit- und
Gegenspieler haben.

4.29 Duell-verkehrt

Freifläche **Spielort**

4–30 Spieler **Spieler**

• 2–10 Scheiben **Materialien**

Stufe II **Schwierigkeit**

2 Mannschaften spielen gegeneinander und versuchen, die vom Geg- **Spielidee**
ner weggeworfene Scheibe möglichst schnell zurück zur Startlinie zu
bringen.

Beide Mannschaften stehen Rücken an Rücken an einer Startlinie. Jede **Durchführung**
Mannschaft ist dabei im Besitz von einer oder mehreren Scheibe(n).
Auf Kommando werfen die Spieler, die eine Scheibe haben, diese
möglichst weit in das Spielfeld hinein.

Aufgabe ist es, die Scheibe(n) des Gegners möglichst schnell wieder
zur Startlinie zurückzubringen, wobei mit der Scheibe in der Hand
nicht gelaufen werden darf. Fällt beim Scheibenrücktransport eine
Scheibe zu Boden, muss der Wurf wiederholt werden!

Gewonnen hat die Mannschaft, die zuerst mit der/den Scheibe(n) vollzählig an der Startlinie steht.

Skizze

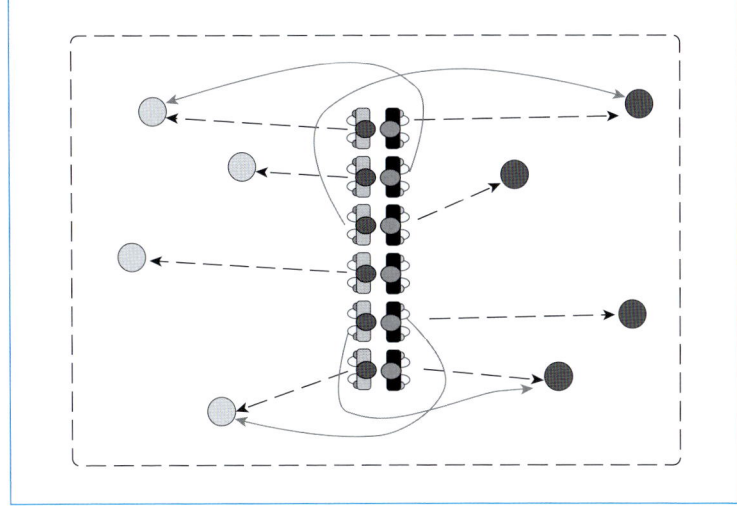

Kommentar   Es kommt nicht nur auf das weite Werfen der Anwerfer an, sondern auch auf ein geschicktes taktisches Verhalten, denn die Scheibe(n) der gegnerischen Mannschaft soll(en) möglichst schnell wieder zurückgebracht werden.

4.30 Fänger im Mittelkreis

Spielort   Halle/Freifläche

Spieler   Freifläche max. 30 Spieler
Halle max. 12 Spieler

Materialien   • 2 Scheiben

Schwierigkeit   Stufe II

Spielidee   2 Mannschaften versuchen, ihren Fänger im Mittelkreis anzuspielen.

Durchführung   Die Gruppe wird in 2 gleichstarke Mannschaften geteilt. Jeweils ein fangsicherer Spieler geht in die gegnerische Hälfte des Mittelkreises. Alle anderen Spieler nehmen zunächst auf ihrer Seite an der Grundlinie Aufstellung und versuchen dann, ihren Fänger im Mittelkreis anzuspielen. Ein Punkt wird erzielt, wenn der Fänger im Mittelkreis die Scheibe seiner Mannschaft aus der eigenen Spielhälfte fängt. Dann wechselt ein neuer Fänger in den Kreis.

Der andere Mittelkreisspieler darf die Scheibe abfangen. Die Spieler dürfen mit der Scheibe nicht laufen und den gegnerischen Kreis nicht betreten. Fällt die Scheibe zu Boden, wechselt der Scheibenbesitz. Gewonnen hat die Mannschaft, die zuerst 7 Punkte erzielt hat.

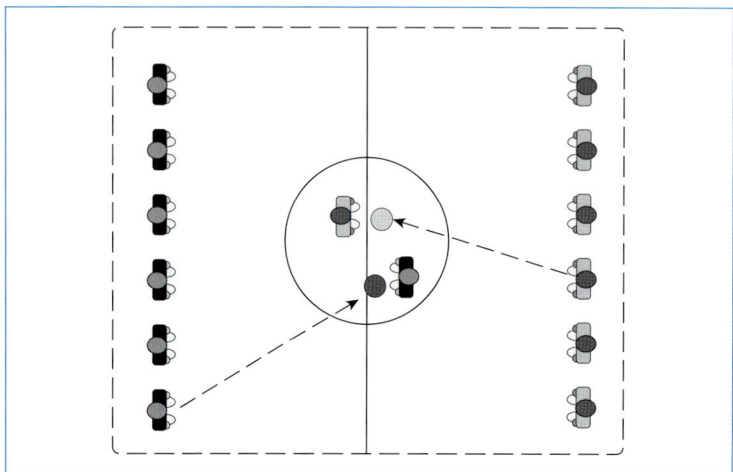

Skizze

Dieses Spiel verlangt gute Pässe zum Fänger im Mittelkreis, aber auch einen sicheren Fänger.   **Kommentar**

4.31 Frisbee-Basket

Halle/Freifläche   **Spielort**

6–10 Spieler pro Team   **Spieler**

* 1 Scheibe   **Materialien**
* Parteibänder
* Basketballbretter

Stufe II   **Schwierigkeit**

2 Mannschaften spielen gegeneinander und erzielen Punkte durch einen Treffer an das Basketballbrett.   **Spielidee**

Wie beim Basketball spielen 2 Mannschaften gegeneinander und versuchen, die Scheibe an das Basketballbrett zu werfen. Mit der Scheibe darf nicht gelaufen werden und Körperkontakt ist ebenfalls verboten. Fällt die Scheibe zu Boden, wechselt der Scheibenbesitz.   **Durchführung**

Kommentar

Um gefährliche und unkontrollierte Weitwürfe zu unterbinden, sollte ein Wurffeld markiert werden, aus dem heraus die Würfe in Richtung Basketballbrett unternommen werden (z. B. innerhalb der 3-Punkte-Zone). Berührt die Scheibe die Wand oder geht sie ins Aus, bekommt die andere Mannschaft die Scheibe.

4.32 Frisbee-Brennball

Spielort

Halle/Freifläche

Spieler

10–30 Spieler

Materialien

- 1 Scheibe
- Markierungen für die Male (z. B. Matten oder Fahrradreifen)
- 1 Brenner (z. B. kleiner Kasten)

Schwierigkeit

Stufe II

Spielidee

Wie beim Brennball kommt es auf die richtige Risikoabschätzung nach dem Motto an: Kann ich das nächste Mal erreichen, bevor die Scheibe im Brenner ist?

Durchführung

In einem markierten Spielfeld werden entlang der Außenlinie mehrere Male angebracht. Es spielen 2 Mannschaften gegeneinander: Mannschaft A (Läufer) hat die Aufgabe, einen vorgegebenen Laufweg von Mal zu Mal zu absolvieren. Dazu wirft ein Spieler die Scheibe vom Anwurfpunkt und läuft los.

Gelingt es Mannschaft B (Werfer), die Scheibe zum Anwurfpunkt zurückzuspielen, „verbrennt" der Spieler aus der Mannschaft A, es sei denn, er hat sich auf ein Mal gerettet. Mannschaft B darf die Scheibe nur passen und nicht mit der Scheibe laufen. Hat ein Spieler den Parcours erfolgreich umrundet, erhält die jeweilige Mannschaft einen Punkt. Ein Homerun zählt doppelt.

Gewonnen hat die Mannschaft, die in einer vorgegebenen Spielzeit (2 x 10 Minuten) die meisten Punkte erzielt.

Variationen

- Laufhindernisse einbauen.
- Spiel mit 2 Scheiben (Doppeldecker).
- Für die Spieler der Feldmannschaft gibt es Pflichtkontakte, d. h., bevor die Scheibe zum Anwurfpunkt zurückgespielt wird, muss eine

bestimmte Anzahl von Feldspielern (z. B. 5) die Scheibe berührt haben.

- 2 Spieler werfen und laufen gleichzeitig. Erst wenn beide Scheiben im Brenner sind, verbrennen die Läufer.
- An jedem Mal darf sich jeweils nur ein Spieler (Läufer) aufhalten. Stehen dort 2 Spieler, so „verbrennt" einer.
- Spiel ohne Male: 2–3 Spieler der Läufermannschaft werfen gleichzeitig ihre Scheiben, woraufhin die gesamte Mannschaft versucht, einen Homerun zu schaffen, bevor alle Scheiben im Brenner sind.

Kommentar

Die Distanz zwischen Anwurfpunkt und der ersten Rettungsinsel sollte relativ gering sein, um auch wurfschwachen Spielern Chancen einzuräumen. Die Entscheidung darüber, ob ein Läufer verbrannt ist oder nicht, sollte dem Spieler überlassen bleiben, der am nächsten zum entsprechenden Mal steht. Hilfreich ist ein akustisches Zeichen, wenn die Scheibe im Brenner ist.

4.33 Frisbee-Goal

Spielort

Halle/Freifläche

Spieler

Freifläche: 10–30 Spieler
Halle: 10–20 Spieler

Materialien

- 1 Scheibe
- Tore, Parteibänder und Markierungen

Schwierigkeit

Stufe II

Spielidee

2 Mannschaften spielen gegeneinander und versuchen, möglichst viele Tore zu erzielen.

Durchführung

Auf dem Spielfeld werden 3 oder mehr Tore gleichmäßig verteilt (z. B. ein hochgestelltes Kastenteil, eine Leichtathletikhürde). Ziel des Spiels ist es, die Frisbeescheibe so durch eines dieser Tore zu werfen (dies ist von beiden Seiten möglich!), dass sie auf der anderen Seite von einem Mitspieler gefangen werden kann. Mit der Scheibe darf nicht gelaufen werden. Die Verteidiger kommen in Scheibenbesitz, wenn sie die Scheibe abfangen oder wenn die Scheibe den Boden berührt bzw. ins Aus geht. Sofortige Rücktore sind nicht erlaubt. Der Torraumkreis von 2 m darf von keiner Mannschaft betreten werden. Als Torraumkreise eignen sich die Basketball-Sprungkreise oder alternativ eine Turnmatte vor und hinter jedem Tor. Im Freien kann man die Torraumkreise mit Seilen markieren. Nach einem Torerfolg wird das Spiel mit einem Anwurf von der Mittellinie fortgesetzt. Gespielt wird 2 x 10 Minuten.

Variationen
- Torerfolge zählen einfach, wenn kein Mitspieler fängt und dreifach bei erfolgreichem Fangen durch den Mitspieler.
- Mit mehr Toren spielen.
- Mit mehreren Scheiben spielen.

Kommentar
Das sichere Werfen und Fangen ist Voraussetzung für das Gelingen dieses Spiels. Mehr Tore machen das Spiel lebendiger.

4.34 Frisbee-Schnapp

Spielort
Halle/Freifläche

Spieler
3–5 Spieler pro Team

Materialien
- Parteibänder
- 1 Scheibe

Schwierigkeit
Stufe II

Spielidee
2 Mannschaften spielen gegeneinander und versuchen, die Scheibe möglichst in den eigenen Reihen zu halten.

Durchführung
In einem Kleinfeld spielen 2 Mannschaften (3–5 Spieler) gegeneinander. Aufgabe der scheibenbesitzenden Mannschaft ist es, fünf Pässe hintereinander zu fangen, ohne dabei die Spielfeldbegrenzung zu verlassen oder die Scheibe fallen zu lassen. Fällt die Scheibe zu Boden (z. B. Fangfehler oder der Gegner schlägt die Scheibe zu Boden), wechselt der Scheibenbesitz. Das Hin- und Herpassen zwischen 2 Spielern ist verboten. Der scheibenbesitzende Spieler darf nur einen Sternschritt machen. Eine Armlänge Abstand zum scheibenbesitzenden Spieler ist einzuhalten!

Variationen
- Gespielt wird auf 2 Feldern. Einen Punkt gibt es für einen erfolgreichen Pass über die Mittellinie (vgl. Zonenfrisbee).
- Mit mehreren Scheiben spielen.

Kommentar
Dieses Spiel ist ein gutes Übungsspiel für Ultimate Frisbee, weil damit die Schrittregel (Sternschritt), das Freilaufen (Cutten), der Blickkontakt zum Werfer und das sichere Fangen und Passen in Bedrängnis geübt werden können.

4.35 Frisbee-Touch

Halle/Freifläche   **Spielort**

8–30 Spieler   **Spieler**

- Parteibänder   **Materialien**
- 1 Scheibe

Stufe II   **Schwierigkeit**

2 Mannschaften spielen gegeneinander, wobei die eine Mannschaft **Spielidee**
versucht, Spieler der anderen Mannschaft mit der Scheibe in der Hand
zu berühren.

In einem kleinen Spielfeld spielen 2 Mannschaften gegeneinander. **Durchführung**
Gespielt wird 2 x 5 Minuten. Jede Mannschaft ist 5 Minuten in Schei-
benbesitz. Mannschaft A hat zunächst die Aufgabe, möglichst viele
Spieler der Mannschaft B mit der Frisbeescheibe zu berühren. Touch
bedeutet, dass bei der Berührung eines gegnerischen Spielers die
Scheibe in der Hand gehalten wird. Erlaubt ist dem Spieler, der die
Scheibe in der Hand hält, nur ein Sternschritt und keine Sprünge!
Gewonnen hat die Mannschaft mit den meisten Berührungen.

Der Scheibenbesitz wechselt nach jedem Touch.   **Variation**

Dies ist ein sehr beliebtes Spiel, weil es neben der reizvollen Spielidee **Kommentar**
das schnelle Passspiel schult.

4.36 Helfer-Frisbee

Halle/Freifläche   **Spielort**

10–30 Spieler   **Spieler**

- 3 Scheiben   **Materialien**
- Parteibänder

Stufe II   **Schwierigkeit**

In einem markierten Spielfeld versucht ein Fänger, andere Spieler **Spielidee**
abzuschlagen. Wenn ein Spieler eine Scheibe in der Hand hat, kann er
nicht abgeschlagen werden.

Durchführung Ein Fänger wird mit einem Parteiband gekennzeichnet und versucht, andere Spieler zu fangen. Die Gefangenen werden zu Fängern.
Im Spiel sind 3 Scheiben, die den Gejagten Schutz spenden. Wer eine Scheibe in der Hand hält, kann nicht gefangen werden. Wenn die Scheiben geschickt in der Mannschaft hin- und hergepasst werden, ist es für den/die Fänger schwierig, andere Spieler zu fangen. Je nach Gruppengröße ist das Spiel zu Ende, wenn es 8 Fänger gibt.

Kommentar Je nach Kooperation kann sich das geschickte Hin- und Herpassen der Scheibe als wirksamer Schutz gegen das Gefangenwerden erweisen. Es bedarf einiger Durchgänge, bis diese Spielidee umgesetzt werden kann.

4.37 Jäger-Frisbee

Spielort Halle/Freifläche

Spieler 10–30 Spieler

Materialien • 1 Softscheibe

Schwierigkeit Stufe II

Spielidee Ein Abtreffspiel mit vielen Varianten.

Abb. 30: Jäger-Frisbee

In einem markierten Spielfeld befinden sich mehrere Hasen und 2–3 **Durchführung**
Jäger. Die Jäger versuchen, einen Hasen mit einer Frisbeescheibe zu
treffen (kleine Scheibe oder Softfrisbee). Mit der Scheibe in der Hand
darf dabei nicht gelaufen werden. Der getroffene Hase wird dann ebenfalls zum Jäger. Gewonnen hat der letzte Hase.

- Spiel auf 2 Feldern mit 2 Scheiben. Spiel mit einer gleichen Anzahl **Variationen**
  von Hasen und Jägern im Wechsel. Gewonnen hat die Mannschaft,
  die innerhalb von 2 Minuten die meisten Hasen trifft.
- Spiel mit nur einem Hasen – wie lange lebt der Hase?

Wählt man ein sehr kleines Spielfeld, kann man auch mit Abschlagen **Kommentar**
spielen. 2 Jäger haben die Aufgabe, durch geschicktes Zupassen so
nahe an einen Hasen heranzukommen, dass es gelingt, diesen durch
Abschlagen mit der Frisbeescheibe zu „erlegen".

4.38 Kegel-Frisbee

Halle   **Spielort**

4–8 Spieler pro Team   **Spieler**

- 1 Scheibe   **Materialien**
- 2 Langbänke
- 10 Holzkegel

Stufe II   **Schwierigkeit**

Es gilt, die etwa 5 m hinter der Spielfeldgrenze aufgestellten Kegel **Spielidee**
umzuwerfen.

2 Teams passen sich die Scheibe in den eigenen Reihen zu und versu- **Durchführung**
chen, in eine günstige Wurfposition auf das gegnerische Ziel zu kommen (Laufen mit der Scheibe ist nicht erlaubt). Sind alle Kegel, die auf
einer Langbank stehen, abgeworfen, hat eine Mannschaft gewonnen.
Fällt die Scheibe zu Boden, erhält sie die gegnerische Mannschaft.
Verfehlt die Scheibe ihr Ziel, kommt die verteidigende Mannschaft in
Scheibenbesitz.

- Mit mehreren Scheiben spielen.   **Variationen**
- Auf Zeit spielen.

Skizze

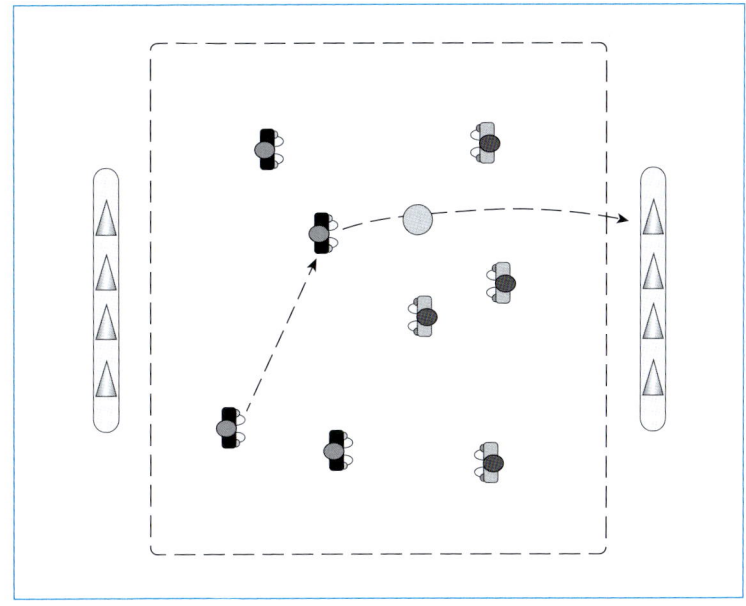

Kommentar

Eine Spielstruktur, die dem Ultimate-Spiel ähnelt, aber dazu noch den Anreiz des Zielwerfens bietet.

4.39 Matten-Frisbee

Spielort

Halle/Freifläche

Spieler

9–30 Spieler

Materialien

- 1 Scheibe
- 3 Weichböden
- 3 Parteibändersets

Schwierigkeit

Stufe II

Spielidee

3 Mannschaften spielen gegeneinander und versuchen, ihre Scheibe auf einer gegnerischen Matte zu platzieren.

Durchführung

Es werden 3 Mannschaften gebildet und 3 Weichbodenmatten in der Halle ausgelegt. Der Abstand zur Wand sollte so bemessen sein, dass seitlich und dahinter noch genügend Platz verbleibt.

Aufgabe der Mannschaften ist es, möglichst viele Punkte zu erzielen. Ein Punkt ist erzielt, wenn eine Scheibe auf eine Weichbodenmatte geworfen wird und liegen bleibt. Die Matten dürfen nicht betreten werden.

Mit der Scheibe darf nicht gelaufen werden. Fällt die Scheibe zu Boden, bekommt sie die gegnerische Mannschaft, deren Weichbodenmatte am nächsten ist (im Freien können die Matten durch Pylonenvierecke ersetzt werden).

Mit 2 Scheiben wird das Spiel noch abwechslungsreicher.   **Variation**

Dieses Spiel ist unberechenbar, denn überraschende Angriffe entwi   **Kommentar**
ckeln sich sehr schnell. Sicheres Fangen und Werfen sind wichtig, genauso aber ein kluges taktisches Verhalten, da eine Matte verteidigt und auf zwei Matten angegriffen wird.

4.40 Sanitäter-Frisbee

Halle/Freifläche   **Spielort**

Ca. 30 Spieler   **Spieler**

• 6–8 Scheiben   **Materialien**

Stufe II   **Schwierigkeit**

Die Jäger schlagen die Hasen ab. Die abgeschlagenen Hasen setzen   **Spielidee**
sich und warten, bis sie vom Sanitäter den heilenden Pass bekommen, um wieder mitspielen zu dürfen.

In einem Spielfeld (z. B. Volleyballfeld) befinden sich ca. 20 Hasen   **Durchführung**
und 2–3 Jäger. Die Jäger versuchen, die Hasen mit der Scheibe zu berühren. Sind die Hasen berührt, müssen sie sich auf der Stelle hinsetzen und auf den Wurf der Sanitäter warten. Dieser Wurf ist zu fangen, aber der Hase ist erst dann geheilt, wenn er den Pass zum Sanitäter zurückspielt und dieser ihn auch gefangen hat.
Die vier Sanitäter haben je eine Scheibe (= Medizin) und dürfen sich nur an ihrer jeweiligen Seitenlinie des Spielfeldes bewegen. Fällt die Scheibe zu Boden, werden die Sanitäter zu Hasen. Sind alle Scheiben verloren, haben die Jäger gewonnen (Zeit stoppen). Welche Jäger sind die schnellsten?

Skizze

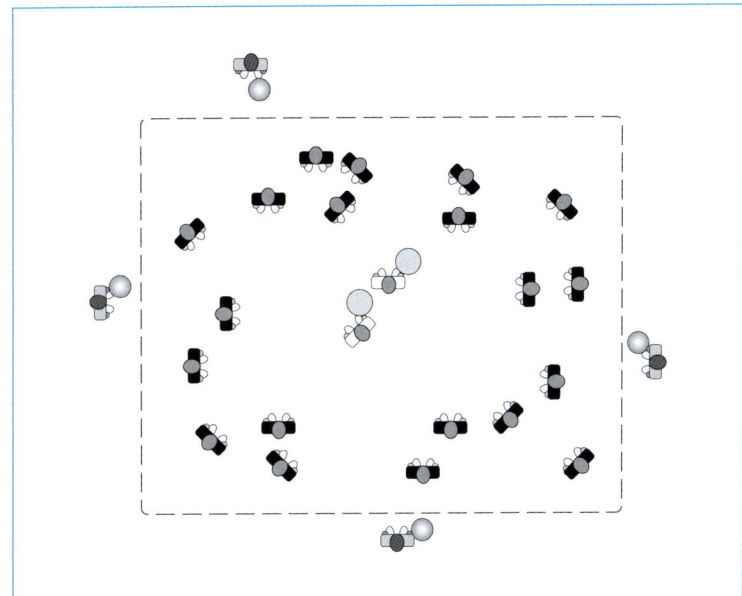

Kommentar   Ein laufintensives Spiel.

4.41 Schwarz und weiß

Spielort   Halle/Freifläche

Spieler   Ca. 30 Spieler

Materialien   (pro Spielerpaar)
                    • 1 Softscheibe

Schwierigkeit   Stufe II

Spielidee   Ein Reaktionsspiel, das auch einen präzisen Wurf erfordert.

Durchführung   2 Mannschaften liegen sich auf dem Bauch an der Mittellinie in einem
                    Abstand von 1 m gegenüber. Zwischen einem Spielerpaar befindet sich
                    jeweils eine Scheibe.
                    Beim Kommando „schwarz" muss die schwarze Mannschaft versu-
                    chen, die weglaufende weiße Mannschaft zu treffen, bevor diese über
                    die Grundlinie gelaufen ist.

Aus verschiedenen Positionen starten (z. B. Rückenlage, Schneidersitz **Variation** etc.)

Um die Erfolgschancen zu mehren, zählen auch die Treffer, die nicht **Kommentar** das jeweilige Spielerpaar betreffen.

4.42 Wächter-Frisbee

Halle/Freifläche   **Spielort**

10–20 Spieler   **Spieler**

• 5–6 Kastenteile oder Hürden   **Materialien**
• 1–2 Scheiben

Stufe II   **Schwierigkeit**

3 Wächter müssen 5–6 Tore bewachen – wie lange können sie einen **Spielidee** Torerfolg verhindern?

Skizze

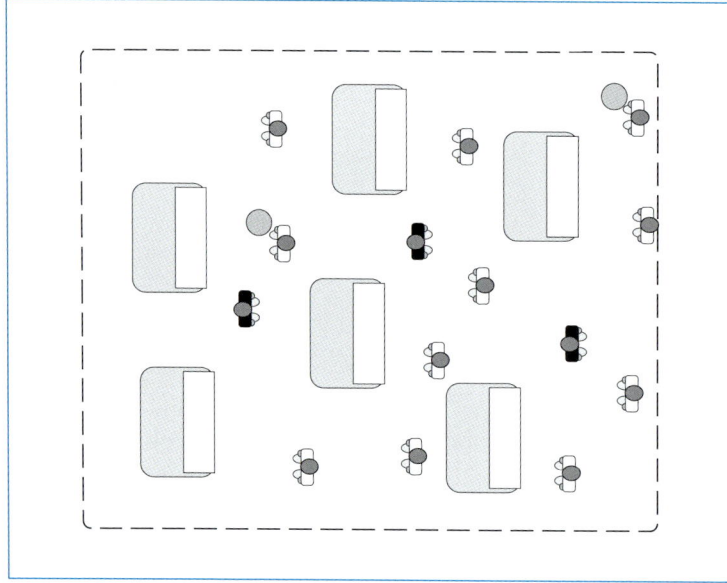

Es werden mehrere Kastenteile aufgestellt, die durchworfen werden **Durchführung** sollen. 3 Wächter sollen verhindern, dass die anderen Spieler, die sich frei auf dem Spielfeld bewegen dürfen, zu einem Torerfolg kommen.

Die Kastenteile dürfen nur in einer Richtung durchworfen werden, die mit einer blauen Matte, die nicht betreten werden darf, markiert ist. Mit der Scheibe in der Hand darf aber nicht gelaufen werden!

Kommentar   Die Wächter müssen ein gutes Auge haben, während die anderen Spieler gut werfen und fangen müssen, um sich vor einem Tor in eine gute Wurfposition zu bringen.

4.43 Wer steht neben mir?

Spielort   Halle/Freifläche

Spieler   8–15 Spieler pro Kreis

Materialien   • 2 Scheiben (unterschiedliche Farben oder Größen)

Schwierigkeit Stufe II

Spielidee   Ein Kennenlern- und Konzentrationsspiel

Durchführung Alle Spieler stehen in einem Innenstirnkreis. Der Abstand zum Nebenmann beträgt ca. 2–3 m. Spieler 1 hat 2 Scheiben unterschiedlicher Farben und wirft die erste Scheibe zu seinem rechten Nebenmann, dieser wirft sie weiter zu seinem rechten Nebenmann etc. Dies geht so lange, bis die Scheibe wieder bei Spieler 1 angekommen ist.
Die Spieler sollen sich dabei merken, von wem sie die Scheibe bekommen und wem sie die Scheibe zugeworfen haben. Denn auf Kommando laufen alle durcheinander und Spieler 1 wirft die Scheibe zu seinem ehemaligen Nachbarn, der diese dann entsprechend weiterpasst, so dass die Scheibe schließlich beim Spieler 1 landet und alle Spieler die Scheibe nur einmal gefangen und geworfen haben.

Variation   Schwieriger wird es, wenn 2 Scheiben im Spiel sind und sich alle Spieler mindestens zwei Nachbarn merken müssen, an die sie die Scheibe weitergeben. Dazu wechselt man am besten nach dem ersten Innenstirnkreis in einen anderen, um eine neue Zusammensetzung zu ermöglichen.
Auch für diese Variante gilt: Zum Schluss müssen beide Scheiben wieder bei Spieler 1 landen und alle Spieler müssen die beiden Scheiben einmal gefangen und einmal geworfen haben.

Kommentar   Ein Spiel zum Kennenlernen oder ein Konzentrationsspiel.

4.44 Würfelfrisbee

Halle/Freifläche	**Spielort**

6–10 Spieler pro Mannschaft   **Spieler**

(pro Mannschaft)   **Materialien**
* 1 Scheibe
* 1 Würfel
* 5 Holzkegel als Ziele
* 1 Kasten

Stufe II   **Schwierigkeit**

Ein Ziellaufspiel, bei dem man durch glückliches Würfeln näher ans **Spielidee**
Ziel herankommt.

Die Gruppe wird in 2–4 gleichgroße Mannschaften zu je 6–10 Spielern **Durchführung**
aufgeteilt. In jeder Mannschaft bilden 2 Spieler ein Team. Einer wür-
felt und die Augenzahl bedeutet, dass die beiden sich die Scheibe 1- bis
6-mal zuspielen dürfen, um näher an das Ziel heranzukommen.
Maximal dürfen sie sich allerdings nur bis zu einer Wurflinie vorwür-
feln, von der aus auf das Ziel (z. B. Holzkegel) geworfen wird. Dann
wird die Scheibe zurückgebracht und das nächste Team ist an der
Reihe. Sieger ist, wer in der vorgegebenen Zeit von 3 Minuten die
meisten Kegel umgeworfen oder zuerst alle Kegel abgeräumt hat.

Durch den „Zufallsgenerator" Würfel kommt neben dem zielgenauen **Kommentar**
Werfen eine Glückskomponente hinzu.

4.45 Durch den Reifen

Halle   **Spielort**

10–15 Spieler pro Team   **Spieler**

* 2 Langbänke   **Materialien**
* 1–4 Scheiben
* 4 Gymnastikreifen
* Parteibänder

Stufe II-III   **Schwierigkeit**

Spielidee   Ziel ist es, durch einen Gymnastikreifen zu einem Mitspieler auf der anderen Spielfeldseite zu werfen.

Durchführung   Als Spielfeld kann das Volleyballfeld dienen. 2 Mannschaften werden gebildet, die sich in den Hinterfeldzonen verteilen. Jede Mannschaft bestimmt 1–2 Spieler, die mit einem Reifen auf einer Langbank (auf der Mittellinie) stehen.

Die Mannschaften können einen Punkt erzielen, wenn sie die Scheibe durch einen Reifen ihres Mitspielers zu einem Fänger aus der eigenen Mannschaft werfen. Fängt dieser, gibt es einen Punkt, wobei ein direktes Zurückwerfen verboten ist.

Variationen   • Die Spieler auf der Langbank werden nach jedem Punkt vom Fänger abgelöst.
• Die Spieler auf der Langbank sind neutral.
• Innerhalb des eigenen Feldes muss die Scheibe zuerst 3-mal gespielt werden, bevor ein Wurf durch den Ring erfolgen darf.

Skizze

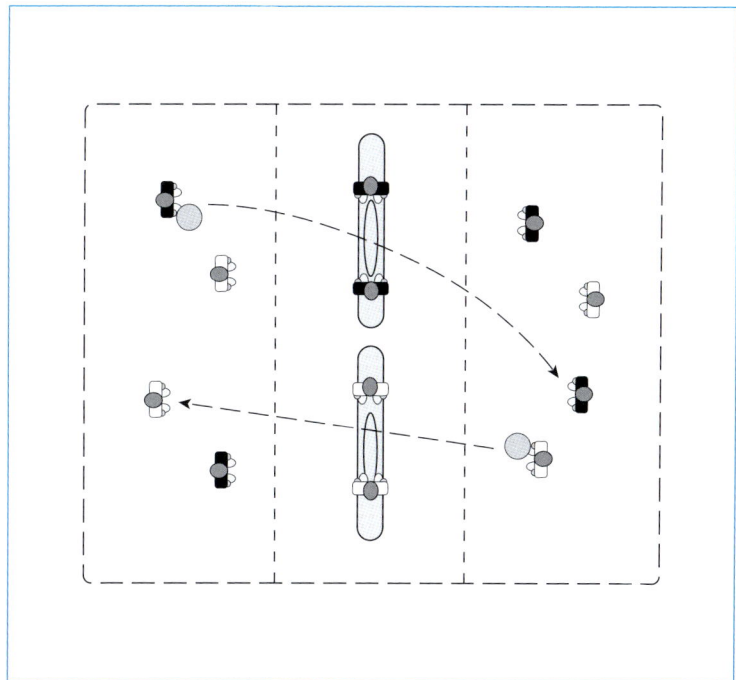

Kommentar   Ein abwechslungsreiches Spiel, das mit mehreren Scheiben einen hohen koordinativen Anspruch hat.

4.46 Frisbee-Catcher

Halle/Freifläche   **Spielort**

10–30 Spieler   **Spieler**

- Parteibänder   **Materialien**
- Markierungen
- 1 Scheibe

Stufe II-III   **Schwierigkeit**

2 Mannschaften spielen gegeneinander und versuchen, ihrem Catcher **Spielidee**
die Scheibe so zuzuspielen, dass dieser die Scheibe fangen kann.

In einem Spielfeld (z. B. Volleyballfeld in der Halle) spielen 2 Mann-   **Durchführung**
schaften gegeneinander. Ziel ist es, dem eigenen Catcher, der an der
entgegengesetzten Stirnseite des Feldes postiert ist, die Scheibe so
zuzuspielen, dass er diese fangen kann. Gelingt dies, ist ein Punkt
erzielt. Dem scheibenführenden Spieler ist nur ein Sternschritt erlaubt.

                                                                   Skizze

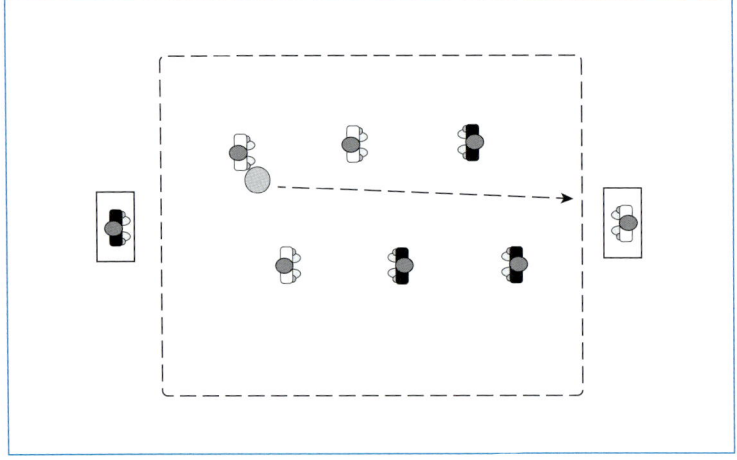

- Die Catcher stehen auf einem großen Kasten.   **Variationen**
- Die Catcher müssen die Scheibe einhändig fangen.
- Die Catcher müssen beim Fangen auf einem Bein stehen.
- Die Catcher werden mit einem bestimmten Wurf angespielt.
- Die Catcher dürfen sich an der Stirnseite beliebig bewegen.
- Mit mehreren Scheiben und 2 Catchern pro Team.

Kommentar

Dieses Spiel wird oft als ein Übungsspiel für Ultimate Frisbee verwendet, weil es ähnliche taktische Handlungen erfordert, um als Mannschaft erfolgreich zu sein.

Abb. 31: Frisbee-Catcher

4.47 Felderwechsel

Spielort

Halle/Freifläche

Spieler

Halle max. 20 Spieler
Freifläche max. 30 Spieler

Materialien

- 1 Scheibe
- Spielfeldmarkierungen

Schwierigkeit

Stufe II-III

Spielidee

Den eigenen Spieler im gegnerischen Feld anspielen und den Rückpass fangen.

Durchführung

In einem markierten Spielfeld spielen 2 Mannschaften gegeneinander. Ein (guter) Spieler aus jeder Mannschaft kommt ins gegnerische Feld. Eine Mannschaft bekommt die Scheibe und versucht, ihren Spieler/ ihre Spieler im Feld der anderen Mannschaft anzuspielen. Gelingt der

Pass und schafft es der Spieler den Pass wieder zu seiner Mannschaft zurückzuspielen, so darf einer aus seiner Mannschaft mit ins gegnerische Feld kommen.

Gewonnen hat die Mannschaft, die zuerst komplett ins andere Feld gewechselt ist. Mit der Scheibe darf nicht gelaufen werden. Körperkontakt ist verboten. Erlaubt ist dem scheibenbesitzenden Spieler lediglich ein Sternschritt.

Der Einzelspieler muss konditionsstark sein und gut fangen und werfen können, um die Möglichkeit zu eröffnen, einen Felderwechsel durchzuführen. Aber aufgepasst: Dies gilt auch für den letzten Spieler. **Kommentar**

4.48 Grabenfrisbee (Doppelfeldfrisbee)

Halle/Freifläche **Spielort**

2–6 Spieler pro Team **Spieler**

- 2 Scheiben **Materialien**
- Markierungen

Stufe II-III **Schwierigkeit**

2 Mannschaften spielen gegeneinander, indem sie versuchen, eine Scheibe so zu werfen, dass sie auf dem gegnerischen Feld den Boden berührt. **Spielidee**

Es werden 2 Mannschaften gebildet und 2 große Spielfelder abgemessen, zwischen denen sich ein Graben von ca. 4–6 m befindet. **Durchführung**
Im Spiel sind 2 Scheiben und es geht darum, die Scheiben so zu werfen, dass sie den Boden des gegnerischen Spielfeldes berühren. Das gibt pro Bodenberührung einen Punkt. Gewonnen hat die Mannschaft, die zuerst 6 Punkte erzielt hat. Wirft Team A eine Scheibe ins „Aus", erhält Team B einen Punkt.

Je nach Feldgröße kann sich aus diesem Spiel ein sehr laufintensives Geschehen entwickeln, bei dem auch taktische Komponenten eine Rolle spielen, wenn die Scheiben geschickt innerhalb des Teams zugespielt werden. **Kommentar**

4.49 Lauf-Duell

Spielort   Freifläche

Spieler   5 Paare pro Werfer

Materialien   1 Scheibe pro Spielerpaar

Schwierigkeit   Stufe II-III

Spielidee   2 Spieler versuchen, die vom Spielleiter (oder von einem guten Werfer) geworfene Scheibe zu fangen.

Durchführung   Zwei Fünferteams stehen in einer Reihe hintereinander mit Abstand von 2 m zum Nachbarteam. Der Spielleiter steht 1 m vor dem ersten Spielerpaar und blickt in dieselbe Richtung wie die Spieler.
Nachdem er seine Scheibe mit leichter Abwurfneigung nach vorne-oben geworfen hat, starten die beiden Spieler und versuchen, die Scheibe zu fangen. Die Mannschaft, deren Spieler erfolgreicher waren, hat gewonnen.

Kommentar   Macht vor allem im Freien Spaß und schult, die Flugrichtungen der Scheiben frühzeitig zu erkennen.

4.50 Zonenfrisbee

Spielort   Halle/Freifläche

Spieler   Pro Team mindestens 8 Spieler

Materialien   • Parteibänder
                      • 1 Scheibe
                      • Markierungen

Schwierigkeit   Stufe II-III

Spielidee   2 Mannschaften spielen gegeneinander und versuchen, über eine neutrale Zone ihren Mitspielern im anderen Feld einen Pass zu geben.

Das Spielfeld besteht aus 2 Zonen (z. B. 4 m breit und 3 m tief) sowie **Durchführung**
einem neutralen Feld dazwischen. 2 Gruppen spielen gegeneinander
und verteilen sich in den beiden Zonen. Der scheibenbesitzende Spieler darf nicht laufen.
Ein Punkt wird erzielt, wenn es einer der beiden Mannschaften gelingt,
einen Pass in die andere Zone zu spielen, der dort von einem eigenen
Mitspieler gefangen wird. Verboten sind Körperkontakt, das Übertre-
ten der Spielfeldbegrenzungen sowie dem Mitspieler die Scheibe aus
der Hand zu schlagen. Innerhalb der Zonen darf die Scheibe zugepasst
werden.

Skizze

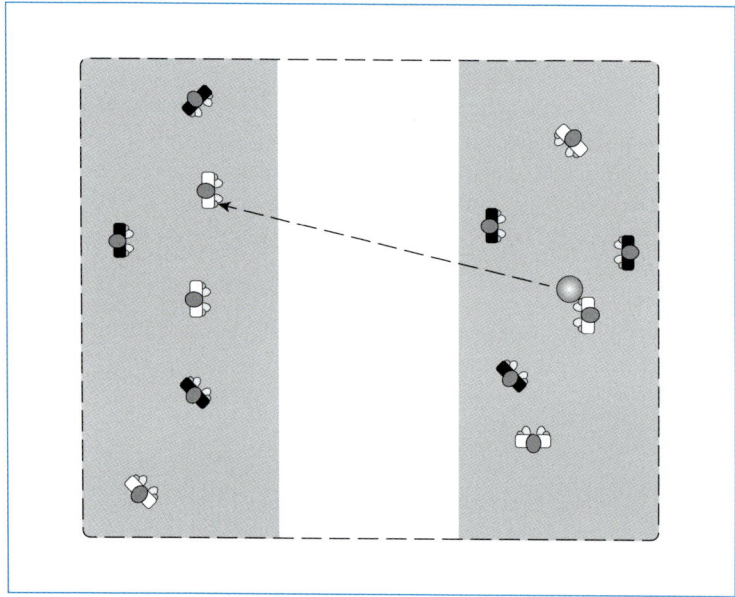

Es kann ein sehr schnelles Spiel entstehen, wenn die Spieler sich gut **Kommentar**
vom Gegner lösen können und ein schnelles Passen beherrschen.

Frisbeewettkampfdisziplinen

Kapitel

5

5 Frisbeewettkampfdisziplinen

5.1 Discathon

Beim Discathon (Frisbee-Cross-Lauf) wird ein Parcours unter Zeit-
druck – also möglichst schnell – durchspielt. Vorab wird eine bestimmte
Distanz, z. B. ein Rundkurs oder eine Art Riesenslalom, festgelegt und
markiert. Die Anzahl der benötigten Würfe spielt keine Rolle, allein die
Zeit zählt. Das Grundprinzip dieser Wettkampfdisziplin lautet: Scheibe
werfen, schnell nachlaufen, Scheibe aufheben und sofort weiterwerfen!
Als Markierungen dienen Bäume, Büsche, Stangen etc., die nur von der **Spielidee**
Frisbeescheibe und nicht von den Spielern jeweils in der vorbestimmten
Reihenfolge und auf der festgelegten Seite (z. B. rechts um den ersten
Baum, dann links am Tor vorbei …) passiert werden müssen.

Skizze

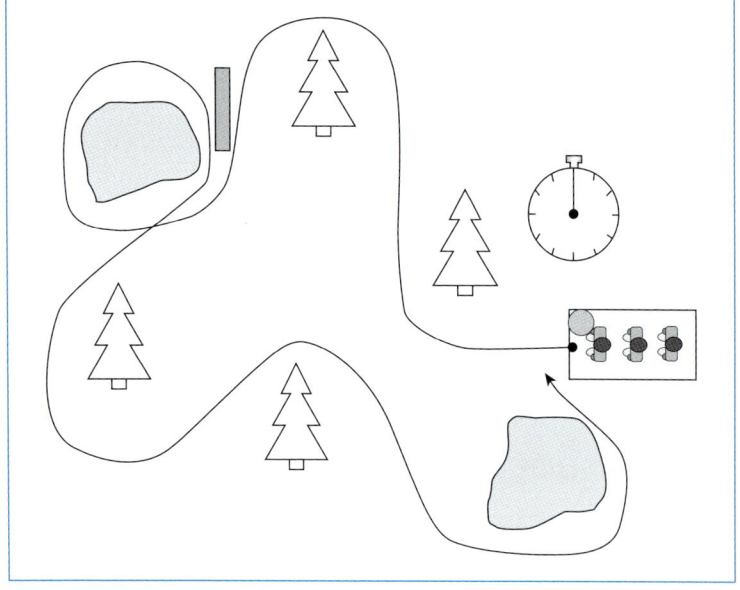

Voraussetzungen und Bedingungen
Ein Discathon kann prinzipiell überall gespielt werden. Ein abwechslungsreiches Gelände mit vielen Hindernissen (Bäume, Sträucher,
Hügel) erhöht jedoch den Reiz. Der Untergrund kann, muss aber nicht
zwingend, natürlicher Art sein, so kann auch der Schulhof als Spielfläche dienen. Je größer und weitläufiger das Gelände ist, umso mehr
steigen auch die konditionellen und fertigkeitsbezogenen Anforderungen, denn es müssen beispielsweise weiter entfernte Ziele angeworfen

werden. Deshalb ist zum Einstieg auch ein kleineres und überschauba-res Gelände (Sportplatz) besser geeignet als ein Waldstück, das geübte Werfer herausfordert.

Mögliche Spielflächen sind z. B. der asphaltierte Pausenhof, das Klein-spielfeld, der Sportplatz, die Schulwiese, der Park, der Strand oder ein Waldstück. Wichtig ist, dass sich auf dem Spielgelände keine Ver-kehrswege (Straßen, aber auch frequentierte Wanderwege) befinden. Auch unmittelbar an das Spielgelände angrenzende Zäune, Straßen und Parkplätze sind eher ungünstig, wenn sie überworfen oder getrof-fen werden können.

Übersichtliches Spielgelände

Je größer und unübersichtlicher das Spielgelände ist, umso selbststän-diger müssen die Schüler agieren (können). Kann die Lehrkraft gelän-debedingt das Spielfeld nicht mehr einsehen und kontrollieren, muss sie sich darauf verlassen können, dass die Schüler ihre so gewonnene Freiheit nicht für andere Dinge nutzen.

Der zeitliche Rahmen ergibt sich aus der Gesamtlänge des Parcours, der Spieleranzahl und dem Spielmodus und ist insofern flexibel. Der größte zeitliche und organisatorische Vorbereitungsaufwand besteht beim Discathon im Markieren des zu durchwerfenden Parcours. Ein-fach zu organisieren ist ein Discathon auf der Laufbahn (400-m-Bahn) einer Sportanlage. In jedem Fall empfehlen wir, den jeweiligen Par-cours vorher selbst einmal zu spielen, um zu erfahren, welche Spiel-dauer voraussichtlich notwenig ist.

Spielvarianten

Einzel- oder Gruppenwettkampf

1. Variante (Einzelwettkampf): Die Gruppe wird zu 4–6 Spielern ein-geteilt. Jeder hat eine Scheibe. Auf Kommando werfen alle Teilnehmer einer Gruppe vom Startmal gleichzeitig ihre Scheiben ab. Derjenige, der als erster im Ziel ist, gewinnt.

2. Variante (Gruppenwettkampf): Es werden gleichstarke Gruppen mit je 2–4 Spielern gebildet. Jede Gruppe erhält eine Scheibe. Alle Gruppenmitglieder stehen hinter dem Startmal. Auf Kommando wirft einer die Scheibe in Richtung des ersten Mals. Gestoppt wird die benötigte Zeit, bis die Scheibe das Ziel erreicht hat. Durch taktisches und werferisches Geschick können die Laufwege deutlich abgekürzt werden, da nur die Scheibe die Male in der vorgegebenen Richtung und Reihenfolge passieren muss. Die nächsten Gruppen starten jeweils im Abstand von 1 min.

Zusatzaufgaben

- Jede Gruppe muss zwei Scheiben durch den Parcours manövrieren.
- Es darf nur mit links bzw. rechts geworfen werden.

5.2 Disc-Golf

Beim Disc-Golf (Frisbee-Golf) wird ein Parcours mit verschiedenen Wurfzielen in vorgegebener Reihenfolge absolviert. Gewonnen hat der Spieler, der dazu die wenigsten Würfe benötigt. Die interessanten Wurf- und Flugeigenschaften der Frisbeescheibe werden mit der attraktiven Spielidee des Golfspiels kombiniert.

Drei wichtige Regeln

1. Es wird immer von dort weitergespielt, wo die Scheibe beim letzten **Spielidee** Wurf liegengeblieben ist. Wenn die Position ungünstig ist, wird ein Fuß an die Stelle gesetzt, an der die Scheibe liegengeblieben ist.
2. Jeder zählt seine Würfe eigenverantwortlich und ehrlich: Fairplay.
3. Den offiziellen Disc-Golf-Regeln zufolge wirft immer der Spieler zuerst, dessen Scheibe am weitesten vom nächsten Ziel entfernt ist. Organisatorisch ist es deshalb von Vorteil, wenn die jeweiligen Spielgruppen nicht zu groß sind (5–6 Spieler). Man kann auch festlegen, dass in der Gruppe immer abwechselnd in einer vorher festgelegten Reihenfolge oder auch ohne Reihenfolge geworfen wird. Dann ist jedoch verstärkt darauf hinzuweisen, dass nur dann geworfen werden darf, wenn sich kein Mitspieler in der Wurfzone (also zwischen Wurfziel und Werfer) befindet.

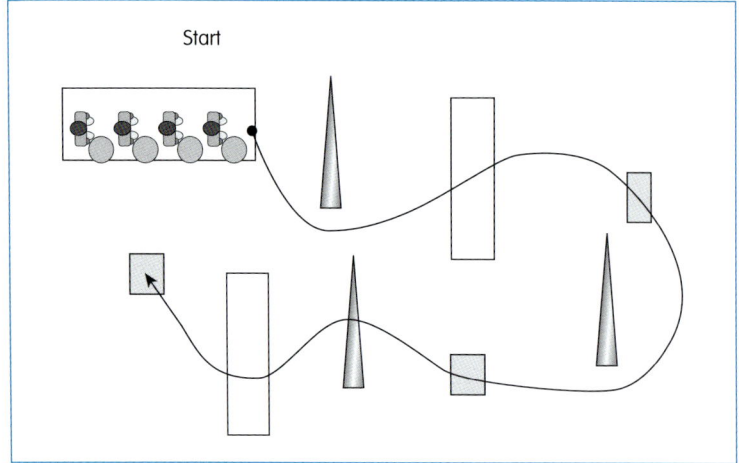

Skizze

Start

Räumliche, zeitliche und materielle Voraussetzungen
Disc-Golf kann prinzipiell überall gespielt werden. Zum Einstieg eignet sich ein kleineres und überschaubares Gelände (Sportplatz, Schulhof) besser als ein Waldstück, das den geübten Werfer herausfordert.

**Spielort, Vorberei-
tung, Scheiben**

Der zeitliche Rahmen hängt maßgeblich von der Anzahl der Wurfziele und der Spielerzahl ab. Der größte zeitliche und organisatorische Vorbereitungsaufwand besteht beim Disc-Golf im Definieren und Markieren der zu treffenden Ziele.

Für den normalen Gebrauch eignen sich Allround-Scheiben. Es gibt zwar auch Spezialscheiben für Disc-Golf, jedoch lohnt sich eine solche Anschaffung für Schulen und Vereine nicht, da diese Scheiben durch ihren flachen Rand nicht zum Fangen geeignet sind und dadurch nur einen begrenzten Einsatzbereich haben.

Wir empfehlen, den Disc-Golf-Parcours vorher selbst einmal zu spielen, um zu erfahren, welche Anzahl von Würfen voraussichtlich benötigt werden.

Das Erstellen eines Parcours

**Parcours gemeinsam
gestalten**

Bevor Disc-Golf-Anfänger selbstständig einen Parcours entwerfen, kann es hilfreich sein, wenn zunächst ein von der Lehrkraft erprobter Parcours vorgegeben wird. Anschließend können dann Ideen gesammelt werden, wie ein zukünftiger Parcours gestaltet werden kann.

Mögliche Ziele sind:
Fußballtore, Baumstämme, Abfalleimer, Schilder, hängende Gymnastikreifen, Leichtathletikhürden, umgedrehte Bananenkisten, ein Pezziball, etc. Die Ziele sollten anfangs nicht zu klein gewählt werden, damit der Parcours nicht zu selektiv wird. Somit erhalten auch schwächere Zielwerfer eine Chance, und zudem steigt die Wahrscheinlichkeit, dass die Ergebnisse näher beisammen liegen – der Wettkampf wird spannender. Allgemein gilt: Je größer das zur Verfügung stehende Areal ist, desto größer sollten auch die Ziele sein.

**Abstand, Anzahl
und Kennzeichnung
der Ziele**

Abstand der Ziele:
Insbesondere wenn weite Würfe noch nicht sauber ausgeführt werden können, sollten die Abstände zwischen den Zielen eher gering sein. Am interessantesten sind Ziele, die mit durchschnittlich ein bis drei Würfen erreicht werden können. Gerade ‚Par-1'-Ziele, solche also, die mit etwas Glück und Geschick mit einem Wurf bewältigt werden können, fordern zu einer riskanten Spielweise heraus und erhöhen die Spannung. Während der vorsichtige Spieler beispielsweise ein Fußballtor mit zwei Würfen sicher ansteuert, wirft der risikobereite Spieler mit einem Direktversuch möglicherweise knapp vorbei und muss anschließend zwei zusätzliche Würfe absolvieren.

Anzahl der Ziele:
Der Parcours sollte nicht zu groß sein (insgesamt 10 bis 20 Würfe). Die Möglichkeit, den Parcours mehrmals hintereinander zu durchspielen, erhöht die Attraktivität, da jeder Spieler zusätzlich in Konkurrenz zur eigenen Leistung beim letzten Durchgang antritt.

Markierung:
Die Reihenfolge der anzuspielenden Ziele muss eindeutig durch Markierungen gekennzeichnet sein. Die jeweiligen Abwurfmale (von dort erfolgt der erste Wurf für die jeweilige Bahn) können jeweils innerhalb der Gruppe vereinbart werden, bei Turnieren oder Teamwettkämpfen sollten sie vorab markiert werden.

Wichtig für einen interessanten Parcours ist, dass er einerseits abwechslungsreich (verschiedene Ziele, Wurfwinkel und Weiten, unterschiedliche Schwierigkeiten) und andererseits nicht zu selektiv ist, so dass sich die Spieler räumlich nicht zu weit voneinander entfernen.

Spielvariationen

- Eine höhere Übungsintensität ergibt sich, wenn jeder Spieler zwei Scheiben erhält – eine ausreichende Zahl an Scheiben vorausgesetzt. Bei jedem ersten Anwurf von einem Ziel darf jeder Spieler beide Scheiben werfen und dann mit der besser positionierten Scheibe bis zum Erreichen des nächsten Ziels weiterspielen.
- Paar-Golf: Immer zwei Schüler – jeder mit einer Scheibe – spielen zusammen für eine Wertung. Beide Spieler dürfen von der jeweils besser platzierten Scheibe weiterspielen. Sieger ist das Zweierteam, welches weniger Würfe benötigt.
- Zufallsgenerator: Eines der Ziele besteht aus einem Schaumstoffwürfel, der auf einem Sockel oder einer Kiste liegt. Ziel ist es, den Würfel mit der Scheibe auf den Boden zu befördern, wobei die gewürfelte Augenzahl von der eigenen Gesamtwurfzahl abgezogen wird.

Geht es um eine Organisation eines Frisbee-Golf-Turniers beim Schulfest oder beim Tag der offenen Tür sollten neben den Hinweisen zur Parcours-Gestaltung noch folgende Punkte bedacht werden: **Weitere Hinweise für Turniere**

- Die Spielregeln müssen auf einem Plakat für jeden verständlich kurz und prägnant aufgeschrieben werden.
- Es sollte eine Skizze des Parcours angefertigt werden.
- Der Parcours ist eindeutig zu markieren, so dass auch in entsprechender Entfernung das nächste Ziel auszumachen ist.
- An eine Bestenliste und/oder eine Preisverleihung denken!

5.3 Ultimate Frisbee

Spielidee

Beim Ultimate Frisbee geht es darum, die Scheibe durch gegenseitiges Zuspielen innerhalb einer Mannschaft in die gegnerische Endzone zu bringen. Punkte werden dadurch erzielt, dass ein Mitspieler in der gegnerischen Endzone angespielt wird und die Scheibe erfolgreich fängt. Je nach Größe des Spielfeldes ist Ultimate ein sehr laufintensives und je nach Spielniveau auch ein taktisch recht anspruchsvolles Mannschaftsspiel. Anstelle des offiziellen Regelkatalogs des Ultimate (http://www.frisbeesportverband.de) fassen wir die wichtigsten Regeln für ein vereinfachtes Spiel zusammen:

Die wichtigsten Regeln

Offizielle Spieleranzahl und Spielfeldgröße

- Zwei Mannschaften (offiziell je 7 Spieler bzw. in der Halle 5 Spieler) spielen mit einer Scheibe gegeneinander.
- Ein Spielfeld besteht aus einer Hauptspielfeldzone mit zwei an den Stirnseiten angrenzenden Endzonen. Ein offizielles Spielfeld misst 100 x 37 m, wobei das Hauptspielfeld 64 m lang und die Endzonen jeweils 18 m lang sind. In Abhängigkeit von den gegebenen Bedingungen kann die Spielfeldgröße jedoch beliebig modifiziert werden. Anfänger tun sich leichter, wenn mit tieferen Endzonen gespielt wird.

Skizze

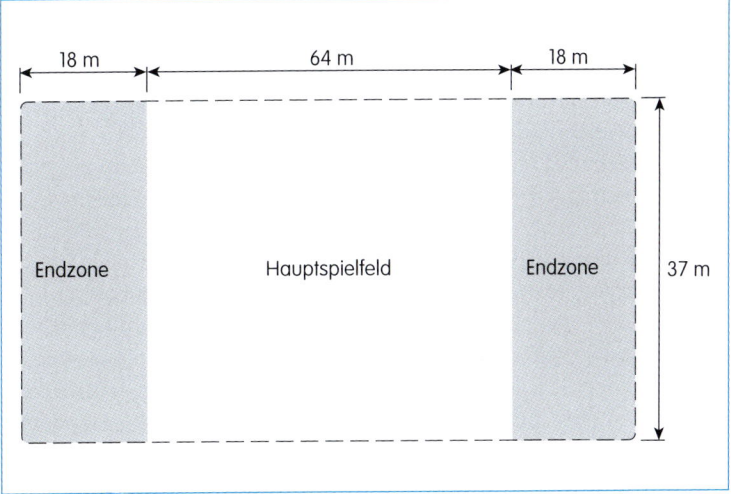

- Mit der Scheibe in der Hand darf nicht gelaufen werden. Erlaubt sind dem scheibenbesitzenden Spieler nur Sternschritte.
- Berührt die Frisbeescheibe den Boden (wird z. B. ein Pass von einem gegnerischen Spieler abgefangen oder die Scheibe zu Boden

geschlagen), kommt die Mannschaft in Scheibenbesitz, die nicht den letzten Pass geworfen hat (Turnover). Fängt ein Spieler die Scheibe und steht dabei außerhalb des Spielfeldes, kommt ebenfalls die gegnerische Mannschaft in Scheibenbesitz.

- Jeglicher Körperkontakt ist verboten. Die Scheibe darf dem gegnerischen Spieler nicht aus der Hand geschlagen oder gerissen werden. Der scheibenführende Spieler darf nicht unmittelbar am Wurf gehindert, aber gestört werden (eine Armlänge Abstand!).

- Spirit of the Game: Die wohl wichtigste Regel beim Ultimate ist Fairplay. Trotz kämpferischen Einsatzes ist jeder Spieler immer bemüht, den Gegner und die Regeln zu respektieren. Es gibt keine Schiedsrichter, Fouls müssen selbst angezeigt und strittige Spielsituationen (Fang in der Zone oder außerhalb?) selbst geklärt werden. Es gibt auch keinen Strafstoß oder dergleichen, sondern das Spiel wird nach einem Foul immer so fortgesetzt, als wäre kein Foul passiert. **Kein Körperkontakt und Fairplaygedanke**

- Das Spiel beginnt mit einem Anwurf. Hierzu stellen sich beide Mannschaften entlang ihrer Grundlinie auf. Dort, wo die angeworfene Scheibe zu Boden geht oder gefangen wird, beginnt die andere Mannschaft ihren Angriff. Nach einem Punktgewinn führt die erfolgreiche Mannschaft einen Anwurf von der Endzone aus, in der sie gepunktet hat, d. h. die Spielrichtung ändert sich nach jedem Punkt.

Räumliche, zeitliche und materielle Voraussetzungen

Ultimate kann überall dort gespielt werden, wo eine ausreichend große und ebene Rasen- oder Sandfläche bzw. eine Halle zur Verfügung steht. Benötigt werden lediglich 8 Markierungen (Hütchen o. Ä.) und eine Ultimate-Scheibe. Für ein interessantes Spiel sind mindestens 3 Spieler pro Mannschaft erforderlich, bei mehr als 7 Spielern wird das Spiel relativ unübersichtlich und wenig bewegungsintensiv, so dass nach Möglichkeit auf zwei Feldern oder mit Auswechseln gespielt werden sollte. Für die erfolgreiche Vermittlung von Ultimate Frisbee sind das zielgenaue Werfen und das sichere Fangen (Sandwichcatch) unabdingbare Voraussetzung, da jeder Fehlpass oder Fangfehler einen Scheibenbesitzwechsel bedeutet. Sind diese Voraussetzungen gegeben, kann Ultimate Frisbee aufgrund seiner einfachen Spielstruktur innerhalb einer Doppelstunde vermittelt werden.

Empfehlungen zur Einführung

Ultimate Frisbee kann mit vereinfachten Regeln ganzheitlich eingeführt werden. Durch vorbereitende Übungen und Spiele können allerdings die Vermittlungseffektivität und der Spaß am Spiel deutlich gesteigert werden. Hierzu bieten sich alle Spiele und Übungen an, die **Sicheres Werfen und Fangen als Voraussetzung** einzelne Technikelemente des Zielspiels beinhalten, wie das sichere Fangen und Werfen über kurze Distanzen (z. B. 2.3, 2.9, 2.10, 3.3, 3.6, 3.10, 3.13, ...), den Sternschritt (4.35 Frisbee Touch), das Verteidigungsverhalten (4.34 Frisbee-Schnapp), das Werfen mit anschließendem Freilaufen und das sichere Fangen mit sofortigem Abstoppen (Doppelpassläufe mit den Kommandos „Fang-Stopp" bzw. „Pass-Los"), aber auch Spiele, die die grundlegende Spielidee (Pass in eine Zone) aufgreifen (4.47 Frisbee-Catcher, 3.12 Frisbee-Box).

Für eine Einführung genügen folgende Regeln

Elementare Regeln
- „Ziel des Spiels ist es, den Pass eines Mitspielers in der gegnerischen Endzone zu fangen."
- Scheibentransport: „Mit der Scheibe darfst du nicht laufen, d. h. nach dem Fangen sofort abstoppen; Sternschritte sind erlaubt."
- Kein Körperkontakt: „Jede Körperberührung ist ein Foul, Mindestabstand zum Spieler in Scheibenbesitz eine Armlänge."
- Turnover: „Als Verteidiger kannst du die Scheibe in deinen Besitz bringen, indem du die Scheibe abfängst, zu Boden schlägst oder auf einen Fehlpass deines Gegners wartest".

Wenn die Spielsituation es erfordert, können weitere Regeln eingeführt werden (nur ein Verteidiger pro Spieler, Anzählen etc.). Zur Vereinfachung kann der jeweils angreifenden Mannschaft mit einem Neutralspieler zu einer Überzahl-Situation verholfen werden.

Geländespiele
mit der Frisbeescheibe

Kapitel

6

6 Geländespiele mit der Frisbeescheibe

Geländespiele sind etwas aus der Mode gekommen. Dennoch wollen wir sechs Geländespiele mit der Frisbeescheibe vorstellen, weil sie das herkömmliche Bewegungsangebot im Schul- und Vereinssport bereichern können. Die Spielstruktur erlaubt den Spielern individuelle Gestaltungsfreiräume, verlangt aber auch kooperative Handlungen, wie ein gemeinsames Verteidigen oder Befreien, Verstecken oder Suchen. Dazu müssen Absprachen getroffen und Spielerrollen bestimmt werden. Darüber hinaus bewegen sich die Spieler in einer natürlichen, manchmal auch unbekannten Umgebung abseits befestigter Wege.

In der Regel brauchen Geländespiele keine speziellen Vorübungen, bei der Planung und Durchführung sind dennoch einige Punkte zu beachten, damit die Geländespiele gelingen:

Planung
- Wer soll Geländespiele spielen? – Das Alter der Spieler und die Gruppengröße berücksichtigen. Die im Folgenden vorgestellten Spiele eignen sich für Kinder und Jugendliche ab 12 Jahren.
- Wo soll gespielt werden? – Ein geeignetes Spielgelände finden. Der verantwortliche Leiter sollte das Spielgelände vorher genau inspizieren, um mögliche Gefahrenquellen zu entdecken oder markante Spielfeldgrenzen festzulegen.
- Wie viel Zeit steht zur Verfügung? – Einen zeitlichen Rahmen festlegen und die Spielfeldgröße mit der Spielzeit abstimmen.
- Welche Materialien sind nötig? Benötigte Materialien, wie Parteibänder, Baustellenband und Pfeife, bereitlegen.

Umsetzung
- Vor Spielbeginn allen Spielern die Spielidee und die Spielregeln erklären.
- Die Grenzen des Spielfeldes allen Spielern klarmachen.
- Ein Signal für den Spielbeginn (ein Pfiff) und das Spielende (zwei Pfiffe) festlegen.
- Nach dem Geländespiel mit den Schülern besondere Vorkommnisse ansprechen und mögliche Regeländerungen festlegen.

6.1 Lagertausch

Spielgelände   Eindeutig abgegrenztes Waldstück

Spieler   Max. 30 Spieler

Materialien
- Halb so viele Scheiben wie Mitspieler
- Baustellenband
- Ggf. Pylonen
- Pfeife

Spielidee   Zwei Mannschaften sollen nach einem Startsignal möglichst schnell ihre Lager tauschen. Dabei gilt es, alle Frisbeescheiben mitzunehmen. Die Scheiben dürfen nur abwechselnd geworfen und nicht getragen werden, d. h. der gleiche Spieler darf die Scheibe nicht zweimal hintereinander werfen. Gewonnen hat die Mannschaft, die zuerst ihre Scheiben und alle Mitspieler ins neue Lager gebracht hat.

Durchführung   Im Spielgelände werden zwei oder mehr Lager mit Baustellenband markiert. Jeder Mannschaft wird ein Lager zugeteilt. Außerdem bekommt jede Mannschaft die gleiche Anzahl Frisbeescheiben (am besten markiert man die Scheiben mit einem Klebeetikett oder verwendet Scheiben mit unterschiedlichen Farben). Gelingt es einem Spieler, eine auf dem Boden liegende gegnerische Scheibe zu bekommen, kann er versuchen, diese in das eigene Lager zu werfen. Körperkontakt ist verboten. Die Scheibe darf einem anderen Spieler nicht aus der Hand gerissen oder geschlagen werden.

Skizze

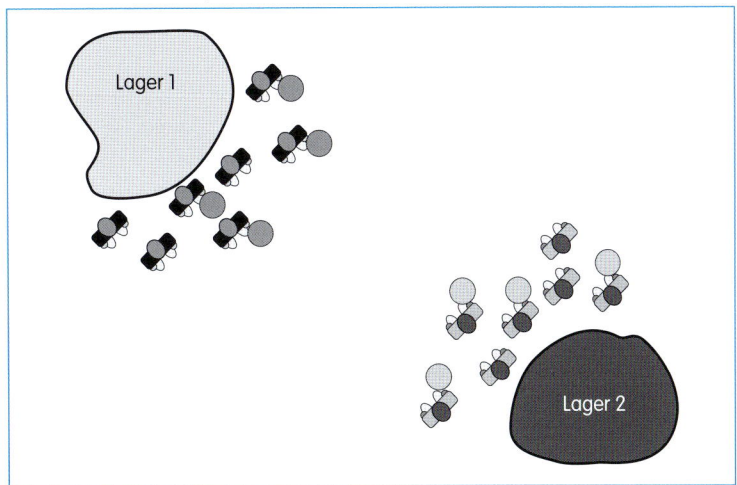

6.2   Scheiben-Raub

Eindeutig abgegrenztes Waldstück   **Spielgelände**

Mindestens 10 – maximal 30 Spieler   **Spieler**

* Pro Mannschaft 1 Scheibe   **Materialien**
* 2 Sets Parteibänder
* Baustellenband
* Pfeife

Aufgabe ist es, nach dem Startsignal die gegnerische Scheibe zu rau-   **Spielidee**
ben und in das eigene Lager zu bringen. Gewonnen hat die Mann-
schaft, der dies zuerst gelingt.

Im Spielgelände wird für jede Mannschaft ein Lager mit Baustellen-   **Durchführung**
band markiert (Durchmesser ca. 5 m). Jeder Mannschaft wird ein
Lager zugeteilt, und die Mannschaft legt ihre Frisbeescheibe darin ab.
Außerdem bekommt jeder Spieler einer Mannschaft ein farbliches
Erkennungsband (rot/blau/etc.), das er sich in den Hosenbund steckt.
Jede Mannschaft erhält dann den Auftrag, die Frisbeescheibe der gegnerischen Mannschaft(en) aus deren Lager zu rauben. Bei Spielbeginn
befindet sich die eigene Scheibe im eigenen Lager und darf erst wieder
berührt werden, wenn ein gegnerischer Spieler sie in der Hand hatte.

Weiterhin gelten folgende Regeln:
* Mit der Scheibe darf nicht gelaufen werden. Die Scheibe muss also
  durch Werfen ins eigene Lager zurückgebracht werden.
* Die Scheibe darf einem gegnerischen Spieler nicht aus der Hand
  gerissen oder geschlagen werden.
* Wird einem Spieler das Erkennungsband geraubt, darf er nur noch
  mit seinem wurfschwachen Arm werfen und keinem Gegner das
  Erkennungsband abziehen.
* Der jeweils scheibenbesitzende Spieler darf von der gegnerischen
  Mannschaft nicht angegriffen werden.
* Gelingt es einem Spieler, die eigene Scheibe vom Gegner zurückzu-
  rauben, darf er sie möglichst weit ins Gelände werfen.
* Gewonnen hat die Mannschaft, die zuerst eine gegnerische Scheibe
  ins eigene Lager gebracht hat.

6.3 Helden-Elfen-Räuber

Spielgelände   Gelände mit vielen Verstecken (z. B. Büsche)

Spieler   Maximal 30 Spieler

Materialien
- 3 Parteibandsets
- Ca. 10 Scheiben
- Plakat
- Baustellenband
- Pfeife

Spielidee   Die Helden versuchen, von einem Startpunkt möglichst viele Frisbee-scheiben zu zwei markierten Schutzzonen zu transportieren. Dabei können sie von Räubern gestört und von Elfen unterstützt werden. Ziel der Räuber ist es, in den Besitz möglichst vieler Scheiben zu gelangen, indem sie die Scheiben berühren. Nach einem Durchgang werden die Rollen gewechselt und gewonnen hat die Mannschaft, die mehr Scheiben erfolgreich in ihre Schutzzone bringen konnte.

Skizze

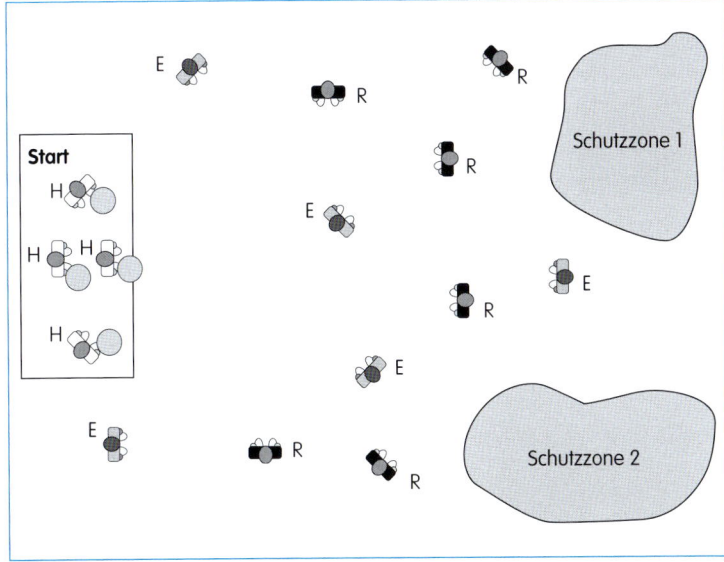

Durchführung   Nachdem das Spielgelände, der Startpunkt und die beiden Schutzzonen (5 x 5 m) markiert und festgelegt wurden, werden drei gleichstarke Mannschaften gebildet (durch Parteibänder kenntlich machen). Die Räuber verstecken sich im Gelände und warten auf eine günstige Gelegenheit, der Heldenmannschaft eine Scheibe zu rauben. Dazu müssen sie die Scheiben nur berühren. Aber Achtung: Die Helden werden von den Elfen unterstützt, die den Räubern das Band abnehmen können, wenn sie sich abschlagen lassen. Verliert ein Räuber ein Band, muss er zum Startpunkt zurücklaufen, wo er sich ein neues Band umhängen kann. Ohne Band kann er nämlich den Helden keine Scheibe rauben! Die Räuber dürfen die Scheiben berühren, wenn ein Held sie in den Händen hält; dann gilt die Scheibe als geraubt.

Die Helden dürfen mit der Scheibe in der Hand nicht laufen. Dabei wirft ein Held entweder zu einem Mitspieler oder er legt sich die Scheibe selber vor. Die Aufgabe der Elfen ist es, den Helden bei ihrem Weg durch den Wald zu helfen, indem sie die Scheiben auch werfen und fangen dürfen. Für ihren Weg haben die Helden – je nach Spielgelände – 10 Minuten Zeit. Danach werden die Rollen gewechselt.

6.4   Kampf um die Scheiben

Große Wiese	**Spielgelände**
12–30 Spieler	**Spieler**
• 20 Scheiben in zwei Farben • Parteibänder • Pfeife	**Materialien**

Eine Wiese oder Freifläche wird in zwei gleichgroße Spielhälften ein- **Spielidee** geteilt. Jede Mannschaft bekommt eine Spielhälfte zugewiesen und verteilt darin ihre Scheiben auf dem Boden. Zwischen den abgelegten Scheiben müssen ca. 5 m Abstand sein. Außerdem wird in jeder Spielhälfte mit Baustellenband ein 4 x 4 m großes „Gefängnis" markiert. Dann geht es darum, gegnerische Scheiben zu erobern. Gewonnen hat die Mannschaft, die nach 15 Minuten die meisten Scheiben besitzt.

Nach dem Startkommando versuchen die beiden Mannschaften, in die **Durchführung** jeweils gegnerische Spielhälfte einzudringen und die dort liegenden Scheiben zu rauben. Dabei können sie jedoch von den Spielern der anderen Mannschaft abgeschlagen werden und kommen in ein „Gefängnis", das von einem Spieler bewacht wird (Spieler dürfen nur im gegnerischen Spielfeld abgeschlagen werden). Befreit werden kann ein Gefangener nur durch einen Mitspieler.

Wer eine gegnerische Scheibe erobert hat, versucht die Scheibe in die eigene Spielhälfte zu einem Mitspieler zu passen. Gelingt der Pass (kann der Mitspieler die Scheibe fangen), wandert die Scheibe in den Besitz der jeweiligen Mannschaft und wird in deren Spielhälfte platziert. Verlorene Scheiben können/müssen also zurückerobert werden. Misslingt der Pass, gibt es keinen Punkt und die Scheibe muss der gegnerischen Mannschaft zurückgegeben werden. Wenn das Spielfeld so groß ist, dass die angreifenden Spieler mit einem Wurf die Scheibe nicht in die eigene Spielhälfte werfen können, müssen sie die Distanz mit einem Mitspieler passend zurücklegen. Dabei können sie allerdings von der verteidigenden Mannschaft abgeschlagen werden. Das Spielende wird mit einem Pfiff signalisiert.

Skizze

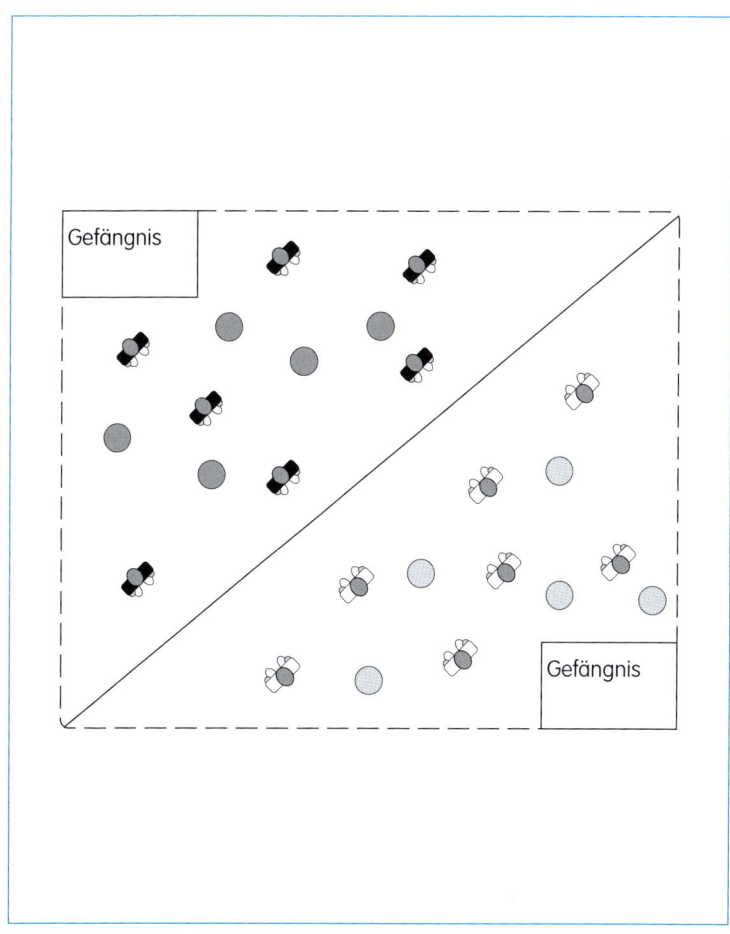

6.5   Mission Voyager

Ein freies Gelände mit Hindernissen (Büsche, Bäume, Stangen, Pfeiler, **Spielgelände**
Tore)

10–30 Spieler   **Spieler**

- Pro Spieler eine Frisbeescheibe (für den Gruppenwettkampf genügt **Materialien**
  eine Scheibe für zwei Spieler)
- Evtl. Plakat und Stift zum Aufmalen des Parcours

Im nahe gelegenen Raumfahrtzentrum bereitet sich die Raumfähre **Spielidee**
Voyager auf eine wichtige Mission vor. Allerdings werde sich der Start
auf unbestimmte Zeit verzögern, da ein wichtiges Antriebsbauteil
defekt sei. Die Bevölkerung wird zur Mithilfe aufgerufen. Der Spielleiter gibt vor, die benötigten Bauteile (Frisbeescheiben) gefunden zu
haben. Jetzt gilt es, diese möglichst schnell zur Raumfähre zu bringen.
Dabei müssen die Scheiben durch einen festgelegten Parcours nach
bestimmten Regeln befördert werden:
Mit der Scheibe darf nicht gelaufen werden. Das Grundprinzip lautet
also: Scheibe werfen, schnell nachlaufen, Scheibe aufheben und sofort
weiterwerfen. Die Anzahl der benötigten Würfe spielt keine Rolle,
allein die Zeit zählt. Als Markierungen dienen Bäume, Büsche, Stangen, etc., die nur (!) von der Frisbee jeweils in einer bestimmten Reihenfolge und auf der richtigen Seite (also rechts um den ersten Baum,
links am Tor vorbei, usw.) passiert werden müssen. (Zur Verdeutli-
chung kann entweder am Startpunkt eine Skizze auf Plakat aufgezeich-
net werden oder aber die einzelnen Hindernisse werden mit Pfeilen
markiert.)

1. Einzelwettkampf: Die Spieler werden in Gruppen zu 4–6 Spielern **Durchführung**
   eingeteilt, jeder hat eine Scheibe. Auf Kommando werfen alle Teilnehmer einer Gruppe vom Start aus gleichzeitig ihre Scheiben ab.
   Derjenige, der als erster der Gruppe im Ziel ist, gewinnt.
2. Gruppenwettkampf: Es werden etwa gleich starke Gruppen mit je
   2–3 Spielern gebildet. Jede Gruppe erhält eine Scheibe. Alle Gruppenmitglieder stehen hinter dem Start, auf Kommando wirft einer
   aus der Gruppe die Scheibe in Richtung des ersten Mals. (Es muss
   abwechselnd geworfen werden; d. h. der gleiche Spieler darf nicht
   zweimal hintereinander werfen.) Gestoppt wird die benötigte Zeit,
   bis die Scheibe das Ziel erreicht hat. Durch taktisches und werferisches Geschick können die Laufwege deutlich abgekürzt werden, da
   nur die Scheibe die Objekte in der vorgegebenen Richtung und Rei-

henfolge passieren muss. Die nächsten Gruppen starten jeweils im Abstand von 1 min.

Variationen
- Die Gruppe muss 2 Scheiben durch den Parcours werfen.
- Es darf nur mit der „schwachen Hand" geworfen werden.

Skizze

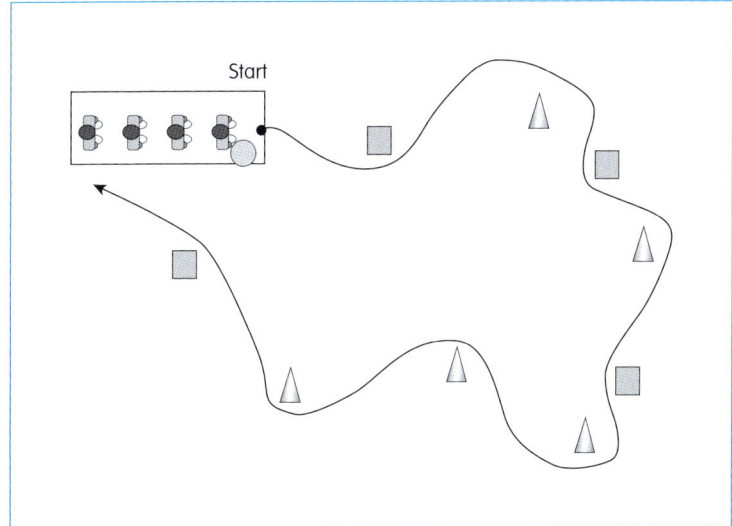

6.6 Ufos sind gelandet!

Spielgelände Nicht zu dicht bewachsenes Waldstück

Spieler Mindestens 12 – höchstens 30 Spieler

Materialien
- 3 wasserlösliche Stifte
- Pro Spieler 1 Scheibe
- 2 Sets Parteibänder
- Baustellenband
- Bananenkiste o. Ä.
- Pfeife

Spielidee Es müssen Ufos (Frisbeescheiben) im gegnerischen Feld gesucht und in die Kommandozentrale (ein mit Baustellenband markiertes Dreieck) transportiert werden (siehe Skizze). Auf der Unterseite der Frisbeescheiben befinden sich Buchstaben, die zu einem Lösungswort zusammengesetzt werden müssen. Das Lösungswort ist der Code zur Kommandozentrale, die sich in der Mitte der drei Spielfelder befindet. Die Ufos müssen von der jeweiligen Gruppe in der richtigen Reihenfolge in das Feld geworfen werden. Welche Mannschaft schafft dies zuerst?

Es werden drei (oder mehr) möglichst gleich große Mannschaften mit **Durchführung** je 4–10 Spielern gebildet. Jeder Spieler erhält eine Frisbeescheibe. Diese müssen vor Spielbeginn beschriftet werden. Hierzu denkt sich jede Mannschaft ein Lösungswort in der entsprechenden Länge (Anzahl der Buchstaben entspricht der Spielerzahl der Mannschaft) aus und schreibt mit einem wasserlöslichen Stift je einen Buchstaben auf die Unterseite. Anschließend werden die Ufos im eigenen Spielfeld auf dem Boden verteilt. Jede Mannschaft hat dazu ein Areal (mit Baustellenband markiert). Sobald alle Mannschaften fertig sind, werden auf ein Signal hin die Spielfelder im Uhrzeigersinn getauscht und die Ufos gesucht.

Jeder Spieler sollte jeweils nur ein Ufo an den Sammelpunkt (z. B. eine umgedrehte Bananenkiste) befördern. Dabei darf mit den Ufos nicht gelaufen, sie müssen geworfen werden. Ist das Lösungswort gefunden, werden die Ufos in der entsprechenden Reihenfolge in die Kommandozentrale geworfen. Fehlgegangene Würfe müssen vom Werfer selbst wieder zum Sammelpunkt gebracht werden, dann darf ein erneuter Zielwurf erfolgen.

Skizze

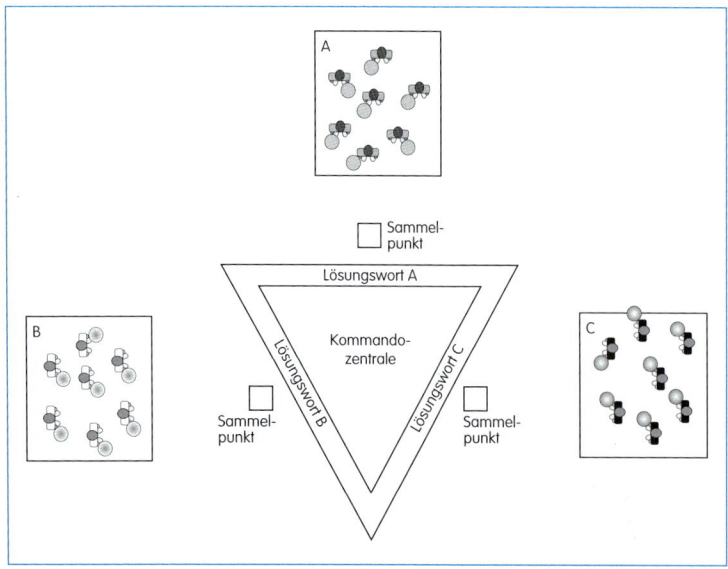

Anhang

Kapitel

7

7 Anhang

7.1 Literaturhinweise

Wir verzichten hier auf eine umfangreiche Literaturliste (zum Download steht unter http://www.DiscSport.net/ eine sehr ausführliche Zusammenstellung bereit) und beschränken uns auf folgende Empfehlungen:

Einen guten und knappen Überblick mit zahlreichen Ideen für den Unterricht bietet die Broschüre von:
Markus Kunert: *Frisbee® – Scheiben im Schulsport*. DiscSport Verlag: Mainz 2010. ISBN 3-934154-04-2 (5,90 €).

Weitergehende Informationen – speziell zur Technik und Methodik des Fangen und Werfens sowie zur Vermittlung von Ultimate Frisbee – bietet das Buch von:
Reto Zimmermann / Pamela Battanta: *Frisbee – Technik, Methodik, Spiel. Ein Lehrbuch für Schulen und Vereine*. DiscSport Verlag 1995. ISBN 3-934154-02-6 (17,90 €).

Wer sich speziell in der Disziplin Disc-Golf fortbilden will, findet in der folgenden Veröffentlichung viele detaillierte Hinweise und Tipps:
Andreas Thöne: *Disc Golf. Grundlagen – Alles was du zum Sport wissen musst*. DiscSport Verlag 2012. ISBN 978-3-934154-08-7 (9,90 €).

7.2 Bezugsquellen

Die folgenden Frisbee-Spezialshops im Internet bieten eine umfangreiche Auswahl an Scheiben und Zubehör:
http://www.jump-and-reach.com/
„Jump+Reach" gibt sich selbst den Namen „Number 1 for Discsport in Europe". Besonders im Bereich Teamausrüstung, Scheibendruck und Schulsport besticht das Angebot. So werden z. B. für Schulen günstige Scheibenpakete zusammengestellt.

http://www.frisbeeshop.de/
„New Games Unlimited", die sich als Verbindungsglied zwischen der Frisbeeszene und der „Außenwelt" sehen, bieten ein umfangreiches Sortiment an Scheiben und Zubehör an. Besonders interessant sind die günstigen Pakete für Schulen und Vereine sowie die vielseitigen Hintergrundinformationen. Auch das individuelle Bedrucken von Scheiben ist möglich.

Die beiden folgenden Shops haben eine sehr große Auswahl, allerdings ist ihr Firmensitz in den USA. Frisbees werden in den USA zwar fast immer billiger verkauft, hinzugerechnet werden müssen jedoch die z. T. sehr hohen Frachtkosten (ca. 30 $). Hinzu kommen i.d.R.

Zolleinfuhrgebühren, die beim lokalen Zollamt abzuführen sind. Hier sollte man sich vorab informieren, um bösen Überraschungen vorzubeugen.

http://www.dtworld.com
http://www.wrightlife.com

7.3   *Internetlinks*

Die von uns angeführten Links sind nur eine Auswahl, die uns für die Leserinnen und Leser zentral erschien.

http://www.frisbeesportverband.de
Neben Informationen über Vereine, Turniere, Ultimate-Regeln usw. wird eine riesige Link-liste angeboten.

http://www.DiscSport.net
Hier findet man hilfreiche Tipps v. a. für Lehrer, z. B. über Fortbildungen und Schüler-turniere.

http://www.ira.uka.de/~thgries/disc/wp.html
„Wurfpost" ist die Mailingliste für den Frisbeesport im deutschsprachigen Raum. Es gibt Turnierankündigungen und -berichte sowie Hilfe bei der Suche nach anderen Frisbee-Inter-essierten und einen regen Erfahrungsaustausch rund ums Thema.

http://www.ultimatehandbook.com
Das Ultimate-Nachschlagwerk schlechthin mit animierten Spielzügen und weiterführenden Tipps zum Ultimate Frisbee.